小樹文化
Little Tree

維吉爾．希利爾 Virgil Mores Hillyer——著
王敏——譯

全彩插圖版
下

給中小學生的世界地理

美國最會說故事的校長爺爺，
帶你用旅行者的眼光發現世界。

A Child's Geography of the World

給中小學生的世界地理【下冊】
（全彩插圖・三版）

A Child's Geography of the World

作者：維吉爾・希利爾（Virgil Mores Hillyer）｜譯者：王敏

小樹文化股份有限公司

社長：張瑩瑩｜總編輯：蔡麗真｜副總編輯：謝怡文
責任編輯：謝怡文｜行銷企劃經理：林麗紅
行銷企劃：蔡逸萱、李映柔｜校對：魏秋綢
封面設計：周家瑤｜內文排版：洪素貞

讀書共和國出版集團

社長：郭重興｜發行人：曾大福
發行：遠足文化事業股份有限公司
地址：231 新北市新店區民權路 108-2 號 9 樓
電話：(02) 2218-1417 ｜傳真：(02) 8667-1065
客服專線：0800-221029 ｜電子信箱：service@bookrep.com.tw
郵撥帳號：19504465 遠足文化事業股份有限公司
團體訂購另有優惠，請洽業務部：(02) 2218-1417 分機 1124
特別聲明：有關本書中的言論內容，不代表本公司 / 出版集團之立場與意見，文責由作者自行承擔。

法律顧問：華洋法律事務所 蘇文生律師
出版日期：2014 年 1 月初版首刷
2018 年 2 月二版首刷
2023 年 3 月 29 日三版首刷

ISBN 978-626-7304-01-3（平裝）
ISBN 978-626-7304-05-1（EPUB）
ISBN 978-626-7304-04-4（PDF）

國家圖書館出版品預行編目資料

給中小學生的世界地理【下冊】；維吉爾 ・ 希利爾（Virgil Mores Hillyer）著；王敏 譯 -- 三版 -- 新北市：小樹文化股份有限公司 出版；遠足文化事業股份有限公司 發行；2023.03
面；公分
全彩插圖版
譯自：A child's geography of the world
ISBN 978-626-7304-01-3（下冊：平裝）
1. 世界地理 2. 通俗作品

716 112002018

First Published in 1924 in English under the title *A Child's Geography of the World* By Virgil Mores Hillyer
Complex Chinese translation

小樹文化
官網

小樹文化
讀者回函

獻給那位九歲小朋友，
他說：「真希望世界上多幾百個、幾千個國家，
讓你可以講更多故事。」

假設你能離開地球，去到遠遠的外太空，找個空無一物的角落坐下來，透過望遠鏡觀察我們的世界。

CONTENT

PART1
北歐

PART2
東歐

PART3
亞洲

PART4
非洲

PART5
大洋洲

PART1 北歐

冰天雪地的世界

你聽過愛斯基摩人嗎？你知道，有些地方冬季永遠看不見太陽，夏天太陽永遠不會下山嗎？

北歐正是歐洲的北部，因為非常靠近北極地帶，加上地球軸心傾斜的問題，所以在靠近南北極的地方，會有太陽永遠不會升起（永夜）與太陽永遠不會下山（永晝）的狀況，是不是很奇妙呢？

北歐小檔案

總面積：349 萬平方公里
人口數：2411 多萬人
主要國家：丹麥、挪威、瑞典、冰島

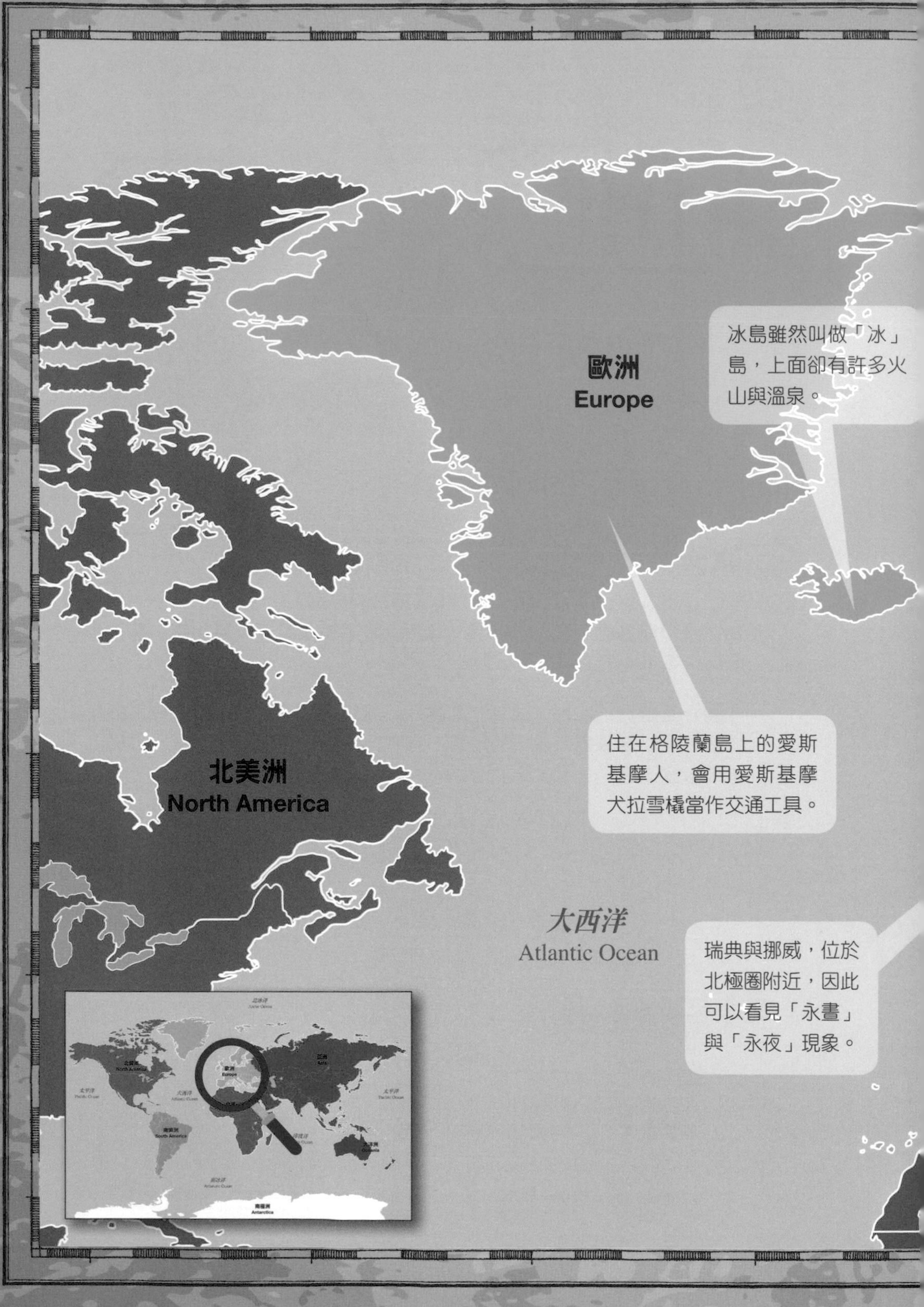
歐洲
Europe
冰島雖然叫做「冰」島，上面卻有許多火山與溫泉。
住在格陵蘭島上的愛斯基摩人，會用愛斯基摩犬拉雪橇當作交通工具。
北美洲
North America
大西洋
Atlantic Ocean
瑞典與挪威，位於北極圈附近，因此可以看見「永晝」與「永夜」現象。

北冰洋
Arctic Ocean
挪威沿岸由於墨西哥灣流帶來溫暖的海水，相當適合鮭魚生長。
丹麥首都哥本哈根就在西蘭島上，也是丹麥唯一的大城市。
亞洲
Asia
歐洲
Europe
非洲
Africa

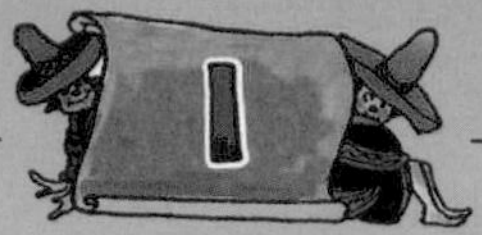

丹麥

長壽的國度

丹麥小檔案

英文名稱：Denmark
總面積：42000平方公里
人口數：570多萬人
首都：哥本哈根
最大城市：哥本哈根
貨幣：丹麥克朗
語言：丹麥語
主要農產：奶油、雞蛋

每次有人惹我叔叔發火時，他都會說「斯卡格拉克、卡特加特」。以前我不知道那兩個詞是什麼意思，後來我才知道，那是位於丹麥附近，從北海通往波羅的海的海峽。卡特加特（Cattegat）意為「貓的喉嚨」，斯卡格拉克（Skagerrak）也是「喉嚨」的意思。但我還是不懂，為什麼他生氣的時候要說這兩個字呢？

丹麥主要包括兩部分，其中形狀像拇指的地方，叫做日德蘭半島，據說日耳曼人分支之一的朱特人曾經住在這裡；另一部分是日德蘭半島旁邊的一個小島，叫做西蘭島，意為「海上的陸地」。丹麥的首都哥本哈根就在西蘭島上，這是一個商人的海港，也是丹麥唯一的大城市。以前，許多從北海前往波羅的海的商人都會將商船停靠在這裡，但現在很多船隻都會從基爾運河走近路，不再走斯卡格拉克海峽和卡特加特海峽。

你知道有一種狗叫「大丹狗」吧？大丹狗就是來自丹麥的哦。丹麥有一個非常著名的人物「漢斯・克里斯蒂昂・安徒生」（Hans Christian Andersen），你可能聽過他的名字，也看過他寫的故事，像是《賣火柴的小女孩》和《醜小鴨》等等故事，就是出自安徒生之手。丹麥人很喜歡克里斯蒂昂這個名字，有十位丹麥國王的名字都是克里斯蒂昂。

來自丹麥的知名童話故事作家——漢斯・克里斯蒂昂・安徒生（Hans Christian Andersen）。

一千多年前，丹麥人是海盜，專門搶劫其他國家，現在的丹麥人早就不是海盜了，但仍然十分擅長航海，有很多非常出色的水手。在丹麥的部分城鎮，居民們不是水手，就是造船工人，或是擔任和海運有關的工作。

除了他們，也有很多丹麥人從事與奶油和雞蛋有關的工作。他們養殖乳牛，製作奶油，並養雞下蛋，將奶油和雞蛋出口到其他國家。丹麥的雞蛋上都會印有生下這顆雞蛋的日期，買的人一看就能知道雞蛋新不新鮮。那裡生產的奶油品質很好，價格也高，所以丹麥人幾乎把所有的優質奶油都出口到其他國家以賺錢，自己則是吃用脂肪做的奶油。

丹麥是全世界最適合居住的國家之一，丹麥人的平均壽命比很多國家的人長。人們常常會說：「想長壽的話，就去丹麥吧！」

丹麥雖然是個小國，卻曾經擁有兩個比自己國土面積大很多的島嶼。這兩個島嶼位於寒冷的北方，離丹麥很遠。其中一個是小島，叫做冰島；另一個是大島，叫做格陵蘭島。目前冰島已經是一個獨立的國家了，格陵蘭島則仍然屬於丹麥（註 1）。很多人都不明白，為什麼當初丹麥會要這兩個奇怪的島嶼呢？

冰島雖然叫「冰」島，上面卻有許多火山和溫泉；格陵蘭島才真的是冰雪覆蓋。這麼說來，我覺得冰島應該叫「火山島」，格陵蘭島應該叫「冰島」比較合理吧。我以前認識一個小男孩，長得胖嘟嘟的，但他的夥伴卻叫他「瘦子」，就跟冰島一樣，名字和實際情況完全相反。格陵蘭島上的冰層厚達四百公尺左右，靠近海邊的冰層常常會一大塊一大塊地掉入水中，大小可能和一座教堂差不多。這些漂浮在海中的大冰塊就是「冰山」。

格陵蘭島上有許多海雀（攝影者為 T.Müller from 維基百科）。

格陵蘭島上也住著愛斯基摩人。你可能會覺得奇怪，住在冰天雪地的島上，這些人要吃什麼呢？不必擔心，就算天氣寒冷，也是有很多動物生存的，愛斯基摩人就是以當地的魚、動物和鳥類為食。格陵蘭島上有一種鳥叫海雀，數量非常多，成群結隊地棲息在島上。愛斯基摩人只要用網子就可以捕捉到海雀，

註1：格陵蘭在二〇〇八年的公投後決定逐漸走向獨立之途，並在二〇〇九年正式改制，成為一個內政獨立，但外交、國防與財政相關事務仍委由丹麥代管的過渡政體。

就像你用捕蝶網捉蝴蝶一樣。每抓一次海雀，就能夠供他們吃好幾個月，那裡室外的環境就像天然的冰箱，吃不完的海雀可以直接「冰」在外面，不會壞掉。

島上的溫度有時會低到零下二十幾度，令人難以忍受。愛斯基摩人用海雀柔軟的羽毛做衣服的裡襯，既柔軟又暖和，還能保持體溫。還有一種鳥叫絨鴨，絨鴨的羽毛「鴨絨」，比海雀毛更柔軟，是世界上最柔軟的東西之一，也可以用來填充被子，既柔軟又輕便。愛斯基摩人也會吃絨鴨的鴨蛋，一次就能撿幾千個鴨蛋。

愛斯基摩人吃的不是普通的牛肉，而是麝牛的肉。麝牛長著鉤狀的牛角，身上的毛又長又粗，能在冰天雪地中抵禦寒冷。厚厚的毛皮讓

愛斯基摩人吃的不是普通的牛肉，而是麝牛的肉（攝影者為 Ovibos moschatus from 維基百科）。

麝牛看起來非常壯大，若是去掉了那些毛皮，你會發現麝牛其實是瘦小的動物。

愛斯基摩人還會獵捕海象，海象長著像象牙似的長長的牙齒，既能生活在水裡，又能生活在陸地上。他們會吃海象的肉，不過主要是為了獲取長長的海象牙。

愛斯基摩人最喜歡吃的不是瘦肉，而是肥肉。對愛斯基摩人來說，一塊大大的肥肉就是最豐盛的美食。肥肉中富含脂肪，能為身體注入熱量，並保持體溫，對生活在冰天雪地的愛斯基摩人非常重要，自然會獲得他們的青睞。相反的，生活在炎熱地區的人通常都不喜歡油膩的肥肉，也比較少這樣的料理。

格陵蘭島上也有海豹，這種動物的毛皮可以做成最昂貴的皮草。愛斯基摩人夏天用海豹的皮搭帳篷，因為島上風勢很大，必須用石塊壓

格陵蘭島上也有海豹，這種動物的毛皮可以做成最昂貴的皮草（攝影者為 Andreas Trepte from 維基百科）。

愛斯基摩人用愛斯基摩犬拉雪橇，當交通工具。

住帳篷的角，才能防止帳篷被吹走。冬天時，他們就在冰塊裡鑿房子，在裡面生活作息。這種房子沒有窗戶，非常低矮，人在裡面幾乎無法站直。他們通常會在地上點一支火把，或放一盞簡易的燈。說是燈，其實只是在石頭上鑿個坑，裡面放一根蘸有油脂或動物脂肪的燈芯，點上火就行了。

你會不會覺得愛斯基摩人生活中接觸的動物都很不尋常？這些動物比我們想像的兇悍、難以控制得多。唯一比較溫順、親近人的動物是愛斯基摩犬，這種狗的外形像狼，可能跟狼有點血緣關係吧。愛斯基摩人沒有馬，也沒有汽車，而是用愛斯基摩犬拉的雪橇當交通工具。他們會同時使用四條狗、八條狗甚至更多狗來拉車。我們當作寵物飼養的狗兒一般都很喜歡水，只要主人允許，就會開心地跳到泳池或河裡游泳；

但愛斯基摩犬生性怕水，除非主人拿鞭子在旁邊逼牠，否則牠才不會下水呢！

愛斯基摩人非常勇敢，別說是普通的水，即使是漂浮著冰山、看似危機重重的大海，他們也不怕。他們有一種特別的獨木舟，只有中間坐人的地方有空間，其他地方完全封閉，即使翻船也不會進水。愛斯基摩人擅長划船，還有一種奇怪的水上運動「愛斯基摩翻滾」：故意把船弄翻又翻正，只是想要展示自己驚人的划船技巧。

划著獨木舟的愛斯基摩人。

校長爺爺小叮嚀

1. 丹麥首都哥本哈根不在日德蘭半島上，而是旁邊的西蘭島上。
2. 儘管冰島上有許多火山與溫泉，但是仍然被大家叫做「冰」島。
3. 格陵蘭島上住著愛斯基摩人，冬天時，他們會住在用冰塊鑿成的冰屋裡。
4. 愛斯基摩人會同時使用四隻或八隻一組的愛斯基摩犬拉雪橇。

挪威與瑞典（1）

北方的大鯨魚

挪威

瑞典

挪威與瑞典小檔案

英文名稱：Norway、Sweden
總面積：83 萬平方公里
人口數：1523 多萬人
首都：奧斯陸、斯德哥爾摩
最大城市：斯德哥爾摩
貨幣：挪威克朗、瑞典克朗
語言：挪威語、瑞典語
主要農產：鮭魚、木材

你的想像力很豐富嗎？有時候，當你抬頭看天上的雲朵，會不會覺得有的雲像高大的巨人，有的像奔跑的駿馬，有的像蹦蹦跳跳的兔子，或是其他東西呢？會的話，就說明你有豐富的想像力。

你可以先看看下一頁的地圖。

把地圖按順時針方向旋轉九十度，你覺得地圖看起來像什麼呢？像不像一條張著大嘴的鯨魚呢？這條「鯨魚」正準備吞下小小的丹麥；斯卡格拉克海峽和卡特加特海峽，就變成了「鯨魚」的喉嚨。

這條「鯨魚」就是斯堪地那維亞半島，「鯨魚」的背部是挪威，另一側是瑞典。挪威加上瑞典，就構成了整個半島。

我會覺得這塊版圖就像張大嘴的「鯨魚」，另一個原因是：挪威

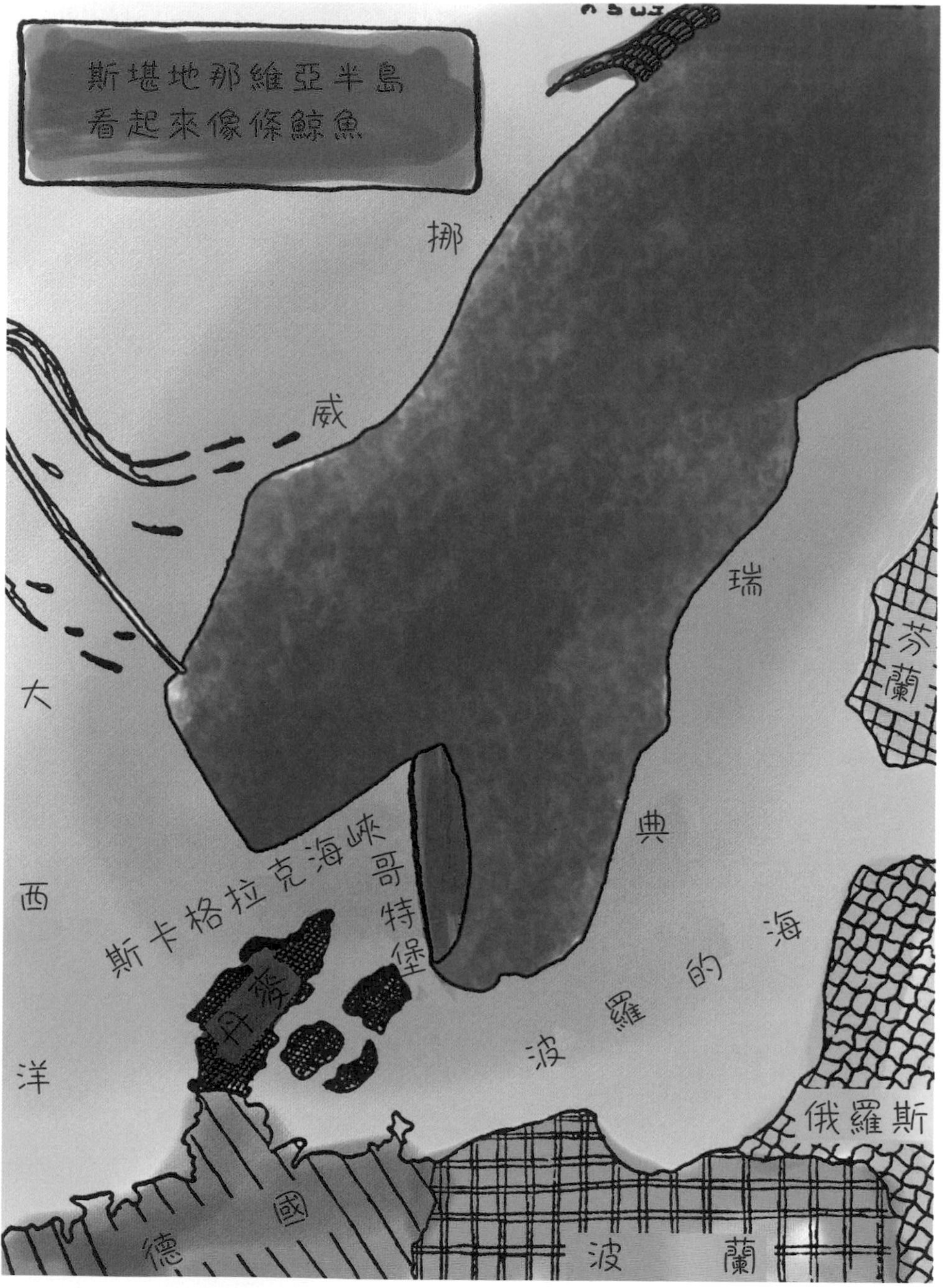

斯堪地那維亞半島，就像一隻張大嘴的鯨魚，正要吞下小小的丹麥。

鯨魚也要呼吸空氣，在海上航行的人常常會看到鯨魚浮出水面換氣。

附近的海域有很多很多鯨魚。鯨魚是全世界最大的魚，但是牠並不是真正的魚類。魚類和雞一樣會生蛋，只不過魚的蛋比較小。可是鯨魚是不生蛋的，母鯨魚生小鯨魚的時候，就像貓媽媽生小貓一樣，直接生出鯨魚小寶寶。而且鯨魚也要呼吸空氣，在海上航行的人常常會看到鯨魚浮出水面換氣。所以鯨魚和我們一樣，都是哺乳類動物。

鯨魚喜歡吃一種，叫做「鯡魚」的小魚。鯡魚總是成群結隊的在海中漫游，當鯨魚遇到一群鯡魚，就會張開牠的大嘴巴，猛吸一口，連水帶魚全部吞進肚子裡飽餐一頓。海裡的鯡魚數量眾多，雖然有很多很多鯡魚被鯨魚吃掉了，人類還是能吃到鯡魚。

挪威人會捕撈很多鯡魚，以各種方式保存：用鹽醃製、煙燻或直接曬乾，然後將處理好的鯡魚乾出口到其他國家。我今天早上就吃了一條鯡魚乾呢！說不定這隻鯡魚，之前就在挪威附近的海域游泳。

挪威的海岸並不平坦，水中有許多山脈，我們把這種海水中的山谷叫做「峽灣」（攝影者為 Erik A. Drabløs from 維基百科）。

我早上還吃了幾百個蛋哦，你相信嗎？當然不可能是雞蛋，是鯡魚的蛋。我吃的鯡魚乾，剛好是一隻鯡魚媽媽，牠的肚子裡有很多蛋。我們把魚類的蛋叫做魚卵，很多人喜歡吃。

挪威的海岸並不平坦，由於水中有許多山脈，自然就形成了很多山谷，我們把這種海水中的山谷叫做「峽灣」。

挪威位於地球北端，真的很北邊，緯度很高。你一定會認為：挪威峽灣中的海水很冰冷，而且滿是冰塊，對不對？沒錯，我們都知道，當溫度下降到一定程度，水就會凝結成冰，但奇怪的是，那些峽灣中的海水從來不結冰。為什麼呢？因為太陽常年照射墨西哥灣中的海水。

你可能會問：「挪威和墨西哥灣離得那麼遠，太陽照射墨西哥灣和挪威峽灣有什麼關係呢？」打個比方吧！我家的地窖中，有個鍋爐，燃燒鍋爐就能加熱管道中的水，管道遍布整個屋子，即使離地窖最遠的房間也能有暖氣。同樣的道理，**墨西哥灣就像地球的大鍋爐，太陽照射後海水升溫，形成一股暖流，叫做墨西哥灣流。灣流像河流一樣進入大洋，一路從墨西哥灣抵達挪威海岸，挪威峽灣中的海水也隨之升溫。**溫暖的海水非常適合鯡魚生長，挪威漁民常在峽灣中捕魚，鯨魚也經常出沒在峽灣附近覓食。

全世界最北部的城市「亨墨菲斯特」就在挪威，這裡也是墨西哥灣流抵達挪威的地點。灣流一路帶來許多木材，這些木棒漂流在水上，就像玩具船一樣，這樣的木頭就叫做「漂流木」。挪威人撿拾擱淺的漂流木當柴燒，但是長時間浸泡在海水中的漂流木，含有很多鹽分，燃燒後產生的顏色跟普通木材燃燒所產生的黃色火焰不同，而是藍色、綠色和紫色火焰，非常漂亮。

你媽媽有沒有叫你吃過魚肝油？它有一股腥味，你應該不喜歡吧？然後媽媽就會告訴你：魚肝油有益身體健康，要你一定要吞下去。媽媽沒有騙你哦，魚肝油的確富含營養，它來自鱈魚這種比鯡魚大隻的魚類。挪威羅弗敦群島附近盛產鱈魚，那裡的人捕撈大量鱈魚，從鱈魚的肝臟中提取出魚肝油，出口到其他國家。他們還會把鱈魚的魚骨全部剔除，將魚肉曬乾當食物。

校長爺爺小叮嚀

1. 斯堪地那維亞半島就像一隻張大嘴巴的鯨魚。
2. 太陽照耀墨西哥灣，形成暖暖的灣流，跟著大洋抵達挪威峽灣，讓挪威峽灣的海水升溫。
3. 全世界最北部的城市「亨墨菲斯特」就在挪威。

挪威與瑞典（2）

瀑布和森林

挪威

瑞典

挪威與瑞典小檔案

英文名稱：Norway、Sweden
總面積：83 萬平方公里
人口數：1523 多萬人
首都：奧斯陸、斯德哥爾摩
最大城市：斯德哥爾摩
貨幣：挪威克朗、瑞典克朗
語言：挪威語、瑞典語
主要農產：鯡魚、木材

挪威是世界上漁產出口量最大的國家，主要的出口港位於峽灣旁邊，名叫「卑爾根」，其所在的峽灣則叫「卑爾根峽灣」。

漁民會把捕撈到的漁獲運到卑爾根，再經由船隻運送到其他國家。在這裡，你可以看到各式各樣的魚類：有大魚，也有小魚；有身體厚厚的魚，也有身體薄薄的魚；有黑的魚，也有白的魚……

卑爾根以多雨聞名，所以被稱為「雨港」或「歐洲的西雅圖」。（編註：美國西雅圖地區也以經常下雨聞名。）當地人都會隨身攜帶雨傘或雨衣，因為卑爾根隨時都可能會下雨，幾乎沒有晴天。

下雨時，如果你用一個桶子接水，需要等很久，桶裡的水才會達到一定的高度；除非下很大的雨，水才會積得比較快。桶裡的水量，就叫「降雨量」，用桶子裡積水的深度來衡量。如果下雨天的時候，看到街道上有許多積水，有些地方的積水甚至會弄溼你的鞋子，你一定會覺得那是場大雨吧？但是，如果用桶子接水來計算降雨量的話，這樣的積水還不到三公分呢。世界上很少有城市一年降雨量會達到三十公分，卑爾根一年的降雨量卻超過兩百四十公分！幸好這麼大量的雨水分散在不同的日子裡降下，否則城裡所有人都會被淹死！

在美國，每個家庭都有汽車，而在挪威，每個家庭都有船。挪威人也是著名的水手。**很久很久以前，挪威人就以航海探險著名，也培養出很多知名的探險家，其中最著名的一位，叫做「萊夫·艾瑞克森」，他是著名航海探險家「艾瑞克」的兒子，大約生活在距今一千年前。**

萊夫·艾瑞克森發現美洲（此為挪威畫家克里斯蒂安·克羅赫格於一八九三年繪製）。

他的探險旅程中，曾經到達美洲大陸，而且比哥倫布發現美洲大陸的時間早五百年。但是，他當時對美洲大陸沒什麼想法，回到挪威後也沒有特別向別人說起他到過這個地方，所以，後來人們只要說到發現美洲大陸，只會想到哥倫布。

挪威離北極很近，常常有人想去北極探險。當你站在北極的極點處（也就是地球的最頂端），只要轉個身，時間就過了二十四小時，很妙吧！很多探險家都冒著生命危險去北極和南極探險，不少人為此失去生命。有兩位著名的斯堪地那維亞探險家「南森」及「阿慕森」也曾經試著前往北極點，他們沒有丟掉性命，但是也沒成功抵達。後來，有一位

美國探險家皮里是第一個成功抵達北極點的人。

叫皮里的美國探險家成功了，他是第一個成功到達北極點的人。阿慕森登北極失敗後，轉戰南極，並成功抵達南極大陸的極點。在那之後，他還是想征服北極，不氣餒地開飛機向北極點出發，可惜在那之後，再也沒有他的消息了。

很冷的時候，你也穿過那種厚厚的、很保暖的靴子吧？下雪時，美國人會穿著長筒雪靴出門；挪威人和瑞典人在下雪天的時候，則會在腳上套兩塊長長的滑雪板，就像小小的雪橇，在雪地上滑動。他們雙手各拿一根棒子，撐著自己不斷往前滑，且每個人的技巧都相當熟練。

你看過白色的黑鳥嗎？你一定覺得很好笑，都叫做「黑鳥」了，怎麼會是白色的呢！這種根本不存在的東西，一定沒人看過。那你看過白色的煤炭嗎？挪威和瑞典有很多白色的煤炭哦。你一定覺得很怪吧？煤炭不是黑色的嗎，怎麼可能有白色的黑煤呢？現在，就讓我來告訴你白煤炭的故事吧。

挪威與瑞典人在下雪天時，會在腳上套兩塊長長的雪板，在雪地上移動。

挪威和瑞典山上有許多積雪，融化成水的冰水從山上流下來，形成許多瀑布，就像雨水從屋簷集水管落下一樣。瀑布強大的力量可以推動輪子轉動，讓鋸木廠和機器能夠運轉，就像煤炭能使機器運轉一樣。雖然，挪威和瑞典沒有煤炭，但冰雪形成的瀑布卻能發揮和煤炭相同的作用，於是他們把瀑布叫做「白色的煤炭」。

白色煤炭和黑色煤炭還是有區別的：白色煤炭不能產生熱量。我們都知道鐵可以製作出各式各樣的工具，但必須由鐵礦中煉出鐵，才能使用。瑞典北部出產鐵礦，但儘管有鐵礦，卻沒有煤礦提供熱量煉鐵，所以瑞典人只能把鐵礦石出口到煤炭資源豐富的英國，再做處理。黑色煤炭還是不可取代的重要物資呀！

你看過冰天雪地中的松樹照片吧？松樹和白雪似乎形影不離。挪威和瑞典的緯度很高，經常被白雪覆蓋，也有許多松樹林。松樹的樹幹又高又直，很適合做船的桅杆、旗杆、電線杆和建築木材，它的質地也很適合做火柴棒，一棵松樹的樹幹，就能做出很多很多火柴棒。你去看看你家的火柴，火柴盒上可能會印著「瑞典製造」哦！瑞典人把小棵的樹製成木漿，用來造紙。前面說過，無論是報紙、包裝紙，還是你用來寫字的紙，幾乎都是用木材做的。瑞典人砍下樹木後，將它們鋸成圓木、推進小溪，讓這些樹木漂流到海裡，接

挪威與瑞典山上的積水，融化成水從山上流下，形成了許多瀑布（攝影者為Hesse1309 from 維基百科）。

著再用船隻運送到世界各地。雖然他們砍伐很多大樹，但也很用心地照料小樹苗，這樣就能有源源不斷的木材供給人們的需求。

校長爺爺小叮嚀

1. 以桶子為準，下雨時承接雨水的高度就是「降雨量」。
2. 第一個到達北極點的人是美國探險家皮里。
3. 挪威與瑞典，會利用融冰所形成的瀑布推動機器。
4. 瑞典北部出產鐵礦，但當地沒有煤礦資源，因此會將鐵礦運至英國煉鐵。
5. 瑞典人砍下樹木後，會把它們鋸成圓木、推進小溪裡，順著水流漂到海裡，接著運送到其他國家。

挪威與瑞典（3）

日不落之地

挪威

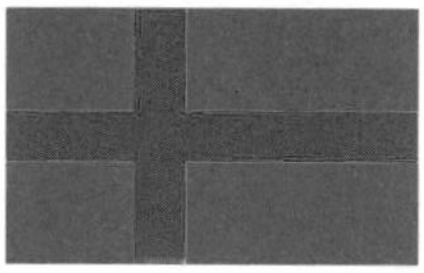
瑞典

挪威與瑞典小檔案

英文名稱：Norway、Sweden
總面積：83萬平方公里
人口數：1523多萬人
首都：奧斯陸、斯德哥爾摩
最大城市：斯德哥爾摩
貨幣：挪威克朗、瑞典克朗
語言：挪威語、瑞典語
主要農產：鮭魚、木材

童話《愛麗絲鏡中奇遇》中（註2）中的詩歌〈海象與木匠〉的開頭是這樣的：「燦爛的陽光灑在海面上……到了半夜，太陽仍然掛在空中。」太陽到了半夜還高掛在空中！你一定認為這是想像出來的故事情節吧？我跟你說喔，這樣奇妙的現象，在挪威和瑞典北部，還真的會發生呢！挪威最北端的地方，有一塊從陸地延伸出去，尖端沉入北冰洋的巨大岩石，叫做「北角」。沒有人居住在那裡，不過其他地方的人，經常乘船去那邊觀看夜晚時，陽光灑在海面上的情景。

註2：《愛麗絲鏡中奇遇》為《愛麗絲夢遊仙境》的續集，原書名為《Through the Looking-Glass, and What Alice Found Thee》。

我們總是說「旭日東昇，夕陽西沉」，的確，我們看到的情況就是這樣。可是，**挪威和瑞典北部的小朋友，和我們看到的可就不一樣了哦！在那裡，太陽不是每天固定東升西落，而是有整整半年的時間，低低地掛在空中，離地面很近，一直都沒有日落的時候；太陽一直掛在空中，每天都是白天。**

過了將近半年，太陽會離地面越來越近，最後終於落下地平線。接下來的半年，那裡的小朋友都見不到太陽，每天都是黑夜。一整年中，半年是白晝，半年是黑夜。

你可能會問：「這怎麼可能呢？難道挪威和瑞典北部的太陽，和我們看到的太陽不是同一個嗎？」

噢，當然是同一個太陽，太陽只有一個。不管你在哪裡，一定是住在地球的某一端，當太陽在地球的另一端時，我們就看不到它了，這個時候，也就是所謂的夜晚。但是，如果我們爬上地球的頂點，例如：

南北極地區會出現半年是白晝，半年是黑夜的情況。此圖為挪威爾塔地區（北緯七十度）午夜時分的太陽。

北極。在夜晚時，也能看到太陽哦。換個比較好懂的說法：如果你住在山的某一側山腳下，你的朋友要從山的另一側過來看你。你可以在自己住的地方看到他從這一側的山坡下山，也可以看到他在這一側的山坡上山。一旦他走過了山頂，到了另一側，你就看不到他了。但是，如果你站在山頂，就可以看到他走下另一側的山坡。太陽的運轉也是同樣的道理。地球的北極常常被叫做「午夜艷陽之地」（the land of the midnight sun），因為有半年的時間，就算是半夜，太陽也掛在空中（永晝）。到了另外半年，其實也可以叫做「正午漆黑之地」，因為那時候，北極每天都是夜晚（永夜）。

馴鹿生長在北極地帶，那裡也是傳說中，聖誕老人居住的地方。北極地帶總是冰天雪地，除了苔蘚，其他植物都無法生長，而馴鹿就吃苔蘚維生。外表看起來很像愛斯基摩人的拉普人，也居住在這裡，這兩個人種都跟中國人滿像的，我覺得他們的祖先很可能就是中國人。拉普人和馴鹿住在一起，馴鹿是他們生活不可或缺的夥伴，他們把馴鹿當作馬匹拉雪橇、擠馴鹿的奶喝、吃馴鹿的肉，還用馴鹿的皮毛製作衣服和帳篷。

北歐拉普人與他的馴鹿。

斯德哥爾摩有很多運河，因此常被稱作「北方的威尼斯」。

挪威人和瑞典人的長相，就是典型金髮碧眼的西方人樣貌，不過我總覺得，在他們之中，有些人比我們更聰明，也接受過更好的教育。我認識的人中，有個瑞典人能說十二種語言；另一個瑞典人發明了一種方法，能不經過脫脂，就把奶油從牛奶中分離出來；還有兩個瑞典男孩發明了一種機器，能用「加熱法」製作冰塊。

瑞典和挪威曾經是同一個國家，由一位國王統治，後來成為兩個獨立國家，有各自的國王和首都。

你爺爺小的時候，他所用的地球儀上，標註的挪威首都叫克里斯蒂安尼亞，後來這個都市改名為奧斯陸，而瑞典的首都叫斯德哥爾摩。奧斯陸和斯德哥爾摩，都在海上，不過兩地都沒有受到溫暖墨西哥灣流的影響，冬天時，海港的海水全部都會結冰，船隻無法通行。另外，斯德哥爾摩有很多運河，因此常被稱作「北方的威尼斯」。

	英語	挪威語
星期二	Tuesday	Tiu's day
星期三	Wednesday	Woden's day
星期四	Thursday	Thor's day
星期五	Friday	Fria's day

很多挪威語和英語很像，但是，並不是挪威語抄襲英語，而是英語抄襲了挪威語。很久很久以前，有些挪威水手定居在英國，幾千年後的現在，我們仍然沿用當時挪威人用的詞語，只是有一點點改變而已。

發明炸藥的瑞典科學家諾貝爾創辦了我們熟悉的「諾貝爾獎」。

從前，斯堪地那維亞人是非常兇殘的鬥士，喜歡用敵人的頭骨當酒杯，大口大口地喝蜂蜜烈酒。他們信奉很多神話中的神，如雷電之神「索爾」和戰爭之神「提爾」，還根據不同的神祇，創造出星期二、星期三、星期四和星期五這四個挪威語，現在，這四個詞的英文，和那時的挪威語就很接近。

我們都知道，開鑿山洞時，

需要用炸藥把堅硬的岩壁炸開，這種厲害的炸藥，就是由一個瑞典人發明的。他去世的時候，留下了很大一筆錢。遺言中，他指示每年都要用這筆錢的利息，獎勵那些為人類做出巨大貢獻的人，無論那些人來自哪個國家。之後的每一年，評審委員就會審核當年為世界做出最大貢獻的對象，並將獎金授予這些人。留下這筆錢的人叫做諾貝爾，就是他創辦了我們熟悉的「諾貝爾獎」。

美國的羅斯福總統和威爾遜總統，都曾經獲得「諾貝爾和平獎」，還有一個叫做本奇的美國黑人，也曾獲此殊榮。如果你為世界做出巨大貢獻，說不定，你也可以獲得諾貝爾獎哦！你覺得自己做得到嗎？

！校長爺爺小叮嚀

1. 南北極地帶，因為位於地球頂端，因此有半年的時間都是夜晚，另外半年則是白天。
2. 瑞典與挪威曾經是一個國家，後來才分裂成兩個國家。
3. 創立「諾貝爾獎」的人正是發明炸藥的瑞典科學家——諾貝爾。

動動腦，想想看！

看了這麼多有趣的北歐故事，讓我們看看你知不知道這些問題的答案吧！

Q1 愛斯基摩人用哪種動物拉雪橇呢？

Q2 全世界最北的城市是哪個城市呢？

Q3 全世界第一個到達北極點的人是誰呢？

Q4 創立諾貝爾獎的諾貝爾，是哪個國家的人呢？

檢查看看，你答對了嗎？

A1 愛斯基摩犬。

A2 亨墨菲斯特。

A3 美國探險家皮里。

A4 瑞典人。

這些問題你都答對了嗎？
答對了，請繼續跟著校長爺爺，一起探索東歐的故事吧！
答錯了別灰心，翻回前面，讓校長爺爺重新告訴你世界的故事！

東歐

多元民族的地區

你知道東歐在哪個地方嗎？東歐就字面上來說，指的就是歐洲東部，但是以歷史人文上來看，我們所認定的東歐，是以二次世界大戰以後，被蘇聯併吞，或是成為蘇聯附庸國的地區。

東歐氣候大多較少受到大西洋與地中海影響，冬天寒冷漫長，夏天短而溫暖，其中，面積最大的國家是俄羅斯。

想知道更多東歐的故事嗎？一起跟著美國最會說故事的爺爺，一起探索東歐吧！

東歐小檔案

總面積：1705 萬平方公里

人口數：14500 多萬人

主要國家：俄羅斯、芬蘭、波蘭、奧地利、匈牙利、羅馬尼亞、保加利亞、阿爾巴尼亞、捷克、斯洛伐克、塞爾維亞、蒙特內哥羅、克羅埃西亞、斯洛維尼亞、馬其頓、波士尼亞與赫塞哥維那聯邦、科索沃

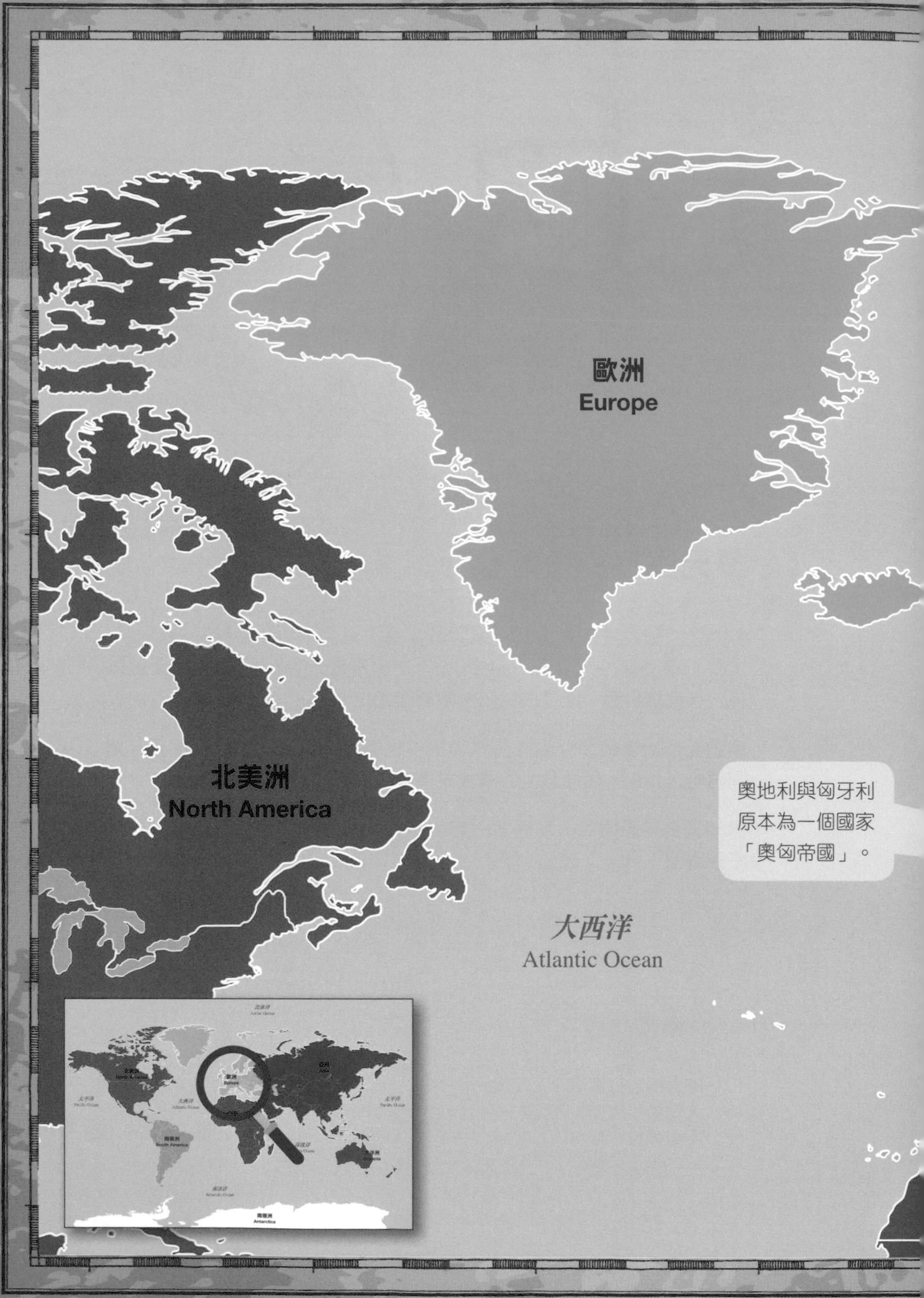

奧地利與匈牙利
原本為一個國家
「奧匈帝國」。

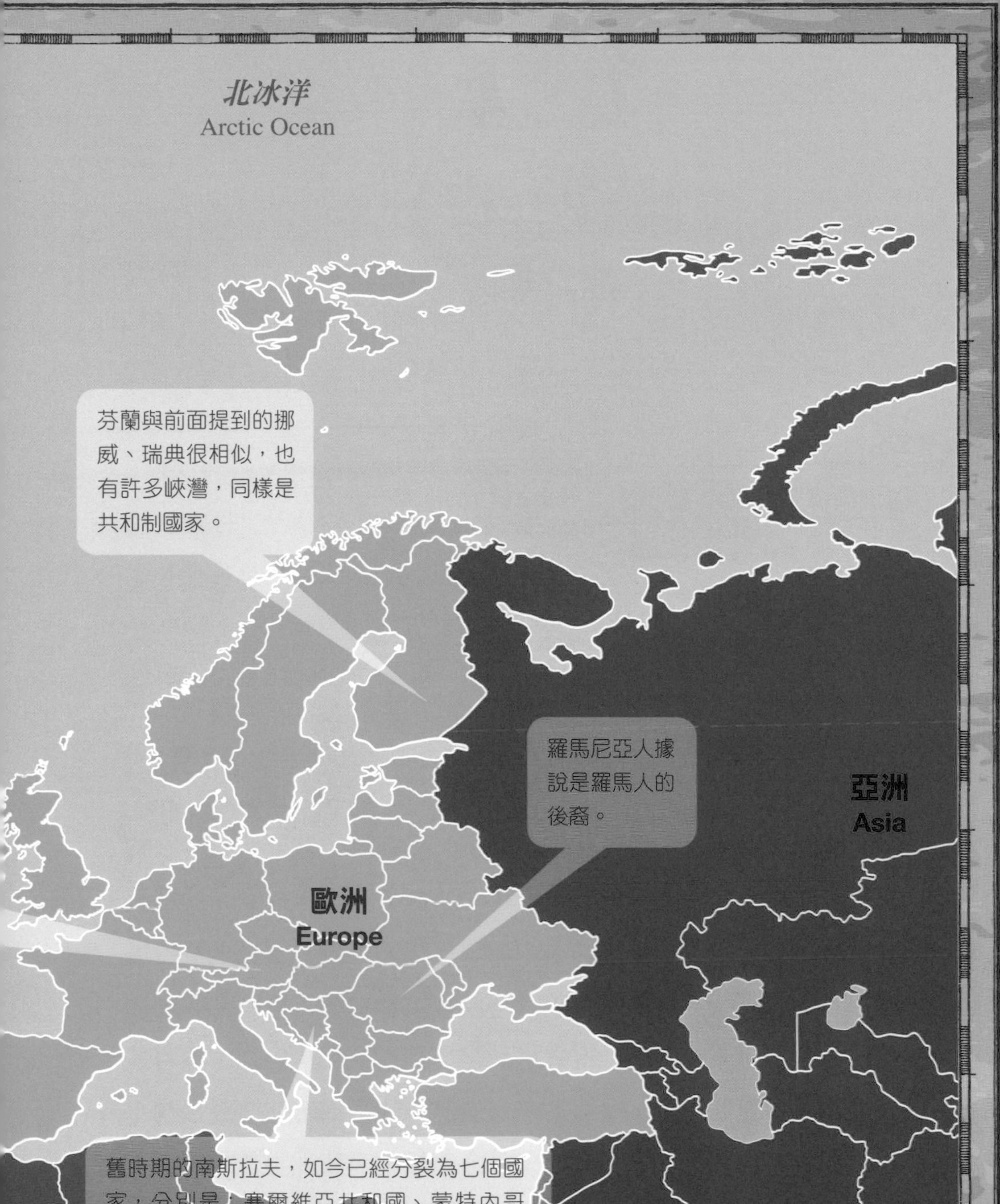
北冰洋
Arctic Ocean
芬蘭與前面提到的挪威、瑞典很相似，也有許多峽灣，同樣是共和制國家。
羅馬尼亞人據說是羅馬人的後裔。
亞洲
Asia
歐洲
Europe
舊時期的南斯拉夫，如今已經分裂為七個國家，分別是：塞爾維亞共和國、蒙特內哥羅、克羅埃西亞、斯洛維尼亞、馬其頓、波士尼亞與赫塞哥維那聯邦、科索沃。
非洲 Africa

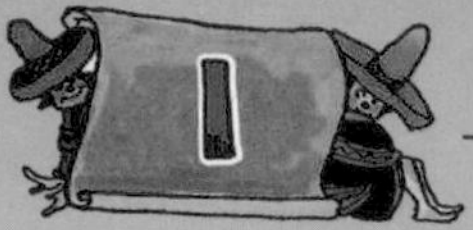

俄羅斯（1）

熊之國

俄羅斯小檔案

英文名稱：Russia
總面積：1709 萬平方公里
人口數：14000 多萬人
首都：莫斯科
最大城市：莫斯科
貨幣：俄羅斯盧布
語言：俄語
主要礦產：石油、鹽

當我還是個小男孩時，我最喜歡的故事，是關於「俄羅斯狼群」的故事：俄羅斯人乘著雪橇，在雪地中前進。突然，遇到一群狼襲擊！坐在雪橇上的人用鞭子抽了抽馬，加快雪橇的速度，但是狼群也加速了，越追越近。正當狼群要撲上來的時候，雪橇上的人用力朝後面扔出一些食物，狼群受食物吸引，就會跑到後方狼吞虎嚥。但是，這可撐不了多久。不一會兒，狼群又會追上來，他們只能不斷地往後丟食物。直到最後，食物全部都丟光了。你猜結果會怎樣呢？我就不告訴你啦！你可以自己去找這個故事來看，也可以自己編個故事結尾。

看了這些故事之後，我一直以為「俄羅斯是個有很多狼的地方」，是「野狼之國」。後來才知道，不知為何，人們反而習慣稱俄羅斯為

「熊之國」。

俄羅斯的國土面積非常大，是歐洲最大的國家，事實上，把歐洲其他國家全部加在一起，才和俄羅斯差不多大。

俄羅斯北部，是一片冰天雪地，你真的會看到駕駛雪橇的人，也真的有狼群。不過，俄羅斯中部就沒那麼冷了，南部則更加暖和。

俄羅斯北部真是天寒地凍，夏季時，地面表層雖然解凍了，但是地底下仍然處於冰凍狀態，又硬又冰。這樣的地面叫做冰原。而俄羅斯北部，有幾千公里面積的冰原。

俄羅斯北臨白海，南瀕黑海。我想，人們會把北部的海叫做「白海」，是因為在一年中，白海大部分的時間都被冰雪覆蓋著。夏季時的幾個月，白海才會解凍，這時，許多大船會進入白海，載著各種各樣的貨物抵達主要的大港口「阿干折」，進行交易和輸送。

你可能會問：「為什麼俄羅斯人要住在那麼寒冷的地方呢？為什麼不搬到氣候好一點的地方呢？大家應該都想居住在易於生存又舒適的地方呀！」不過，人們通常都是居住在可以討生活的地方。一個適合居住的地點，剛開始只有幾棟房子，後來隨著房子和居民越來越多，才發展為城市。但是，有個離阿干折很遠的城市卻是個例外，這個城市是由一個叫彼得的人，一口氣建成的。

俄國沙皇彼得一世以自己的名字將城市取名為「聖彼得堡」。

彼得是很久之前的俄國沙皇。「俄國」是俄羅斯以前的名字，沙皇就是俄國皇帝的稱呼。他對航海很有興趣，就

舊時俄羅斯首都「聖彼得堡」前後改了兩次名字，最後又恢復為舊名「聖彼得堡」。

想住在海邊，方便隨時航海，就像你會想要馬上就去海邊玩一樣。於是，他就在海邊打造了一座城市，建築了街道、商店、房屋和宮殿，並下令其他地方的人搬到這裡居住。

彼得的名字是根據「聖彼得」取的，所以，他就把自己建的這個城市取名為「聖彼得堡」，意思就是「聖彼得的城市」。這是三百年前的事了。

到了第一次世界大戰時，俄羅斯與德國成為敵人。聖彼得堡的人不想再用「聖彼得堡」這個名字，因為德國很多城市名，都是以「堡」字結尾的，他們不想和敵人一樣，想要一個真正具有俄羅斯特色的名字。於是，他們就把「聖彼得堡」改成「彼得格勒」。後來，俄羅斯人開始厭倦戰爭、不想再繼續打仗，便有人發起革命，將沙皇處死，成立了自己的政府。這場革命的領導人是列寧，為了紀念列寧，他們又把「彼得格勒」改為「列寧格勒」，意思就是「列寧的城市」。（編註：1991 年，蘇聯解體後，「列寧格勒」又恢復為舊名「聖彼得堡」。）

雖然**「列寧格勒」前後改了兩次名字，但是，這裡一直是俄羅斯的首都。後來，因為這個城市的氣候太過寒冷，俄羅斯人就把首都遷到一個較為暖和的城市「莫斯科」，位置大約接近俄羅斯中央。**

革命者把有錢人的宮殿和住宅，改成了醫院和公共建築，占領了他們的土地，租給農民和工人，並將所有省份和地區，組成「蘇維埃社會主義共和國聯邦」，簡稱「蘇聯」，並以莫斯科為首都。

莫斯科有一片圍著圍牆的寬闊區域，圍牆裡面有房子、宮殿和教堂，那就是「克里姆林宮」，相當於俄羅斯的「國會大廈」。美國的國會大廈只有一棟建築，但是「克里姆林宮」有一整片建築。共產主義革

眺望克里姆林宮（攝影者為(Julmin) (retouched by Surendil)，from 維基百科）。

命爆發後，克里姆林宮的教堂不再作為教堂使用，而是和有錢人的宮殿一樣，改為博物館和政府建築。

克里姆林宮附近，有一個寬闊的廣場「紅場」，廣場側面有棟平頂的建築，是列寧的陵墓。俄羅斯經常會在紅場舉行閱兵儀式，統治者站在列寧的陵墓頂部檢閱軍隊。

這個廣場會叫做「紅場」，是因為革命的顏色就是「紅色」，俄羅斯的國旗中也有紅色。共產黨革命時，也自稱「紅軍」。

俄羅斯人熱愛自己的國家，也熱愛音樂。世界上的經典音樂，有些就是由俄羅斯人創作的。俄羅斯人在工作時，很喜歡唱歌，士兵訓練時會唱歌、工人幹活時會唱歌，甚至連關在監獄裡的犯人都會邊唱歌邊做事。當然，犯人唱的歌通常都比較傷感。

！校長爺爺小叮嚀

1. 俄羅斯是歐洲最大的國家，歐洲其他國家土地加在一起，才跟俄羅斯一樣大。
2. 俄羅斯北臨白海，南臨黑海，主要大港口為「阿干折」。
3. 俄羅斯目前的首都為「莫斯科」。

俄羅斯（2）

世界的糧倉

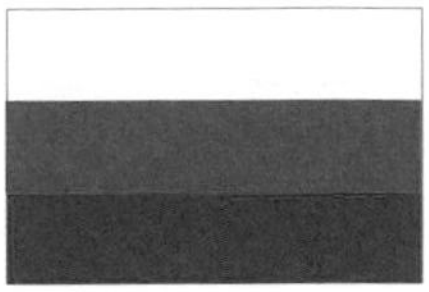

俄羅斯小檔案

英文名稱：Russia
總面積：1709 萬平方公里
人口數：14000 多萬人
首都：莫斯科
最大城市：莫斯科
貨幣：俄羅斯盧布
語言：俄語
主要礦產：石油、鹽

俄羅斯北部的土地被冰雪覆蓋，看起來一片雪白；南部的土地卻是黑色的，就像煤炭那樣，土質非常肥沃，甚至可能是全世界最肥沃的土地！這種土叫做「黑土」。

在美國，就算是最肥沃的土壤，土層也只有幾十公分厚，再往下就是植物無法生長的岩石和黏土了。但是，在俄羅斯南部，肥沃的土壤層很厚很厚，有些地方必須挖出相當於你身高三、四倍深度的坑，才有可能看到岩石和黏土。美國新英格蘭地區的很多農田裡，肥沃的土壤層本來就很薄，耕種了兩百多年後，土壤現在已經非常貧瘠，根本就種不了作物，導致當地農民只能舉家搬遷到其他地方另覓生路。

然而，俄羅斯肥沃的土壤似乎怎麼用都用不完，農人在那裡耕種幾千年了，土質仍然非常適合莊稼生長。黑土的農地可以種植大量小麥，將小麥磨成麵粉就能做麵包等等食物，因此，俄羅斯又被稱為「糧倉」。那裡有一種特別的植物叫向日葵，花朵會跟著太陽旋轉。一望無際的向日葵田非常壯觀，不過當地人種向日葵不是為了觀賞，而是為了收集向日葵的種子。俄羅斯人吃的向日葵種子，就是我們所說的葵瓜子，就像吃花生。

向日葵種子的主要用途是榨油，這種油很適合拌沙拉，還可以用於生產肥皂和其他東西，用處多多。

全世界最大的湖泊就在俄羅斯的黑海旁邊，有許多河流都匯入這個湖泊，但是沒有河流流出。隨著水分蒸發，裡面積累了越來越多的鹽分，湖水變得很鹹，就像一個小小的海洋。所以，人們就把這個湖叫做「裏海」。

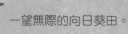

一望無際的向日葵田。

在《愛麗絲夢遊仙境》中，三月兔說過這樣一段話：「如果你可以從水井中打水，就一定可以從糖漿井中打糖漿。」不但如此，你也可以從油井中打出石油！裏海一側有個叫巴庫的城市，石油資源非常豐富，有很多油井。在這裡，到處都可以看到石油、聞到石油的氣味、感覺到石油的存在。由於裏海沒有向大海流出的河流，船隻無法從巴庫航行到海洋，只能將石油運到可以裝船的地方再走海路，而最近的港口，就是黑海上的巴統港。於是，當地人在地下鋪設了一條很長很長，超過一千一百公里的管道，將石油從巴庫輸送到巴統港，然後再將石油裝到油輪上，運到世界各地。

歐洲最高的山脈和最長的河流都在俄羅斯。最高的山脈就是位於俄羅斯南部的高加索山脈，位於黑海和裏海之間，比之前介紹過的阿爾卑斯山脈更高。

大部分的河流都很湍急，像是後有追兵似的不停向前流動，但是歐洲最長的河流，也就是俄羅斯的窩瓦河，水流卻很緩慢，慢到你甚至很難區分河水是往哪個方向流！窩瓦河就這樣從容不迫，慢慢地流入裏海。而這條河裡，盛產鱘魚。

高加索山是歐洲最高的山脈（攝影者為 Mher Hovsepian from 維基百科）。

窩瓦河的水流相當緩慢，甚至難以區別河水往哪個方向流動。

鱘魚是一種大型魚，魚卵可以做成魚子醬。據說，魚子醬非常鮮美，不過有些人不習慣它的味道。魚子醬的價格很高，可能是世界上最昂貴的食物，一磅魚子醬比一百磅牛排還貴！或許就是因為這樣，大家才會對魚子醬趨之若鶩。

世界上最珍貴的金屬不是銀子，也不是黃金，而是一種叫鉑金的金屬（俗稱白金）。鉑金看起來像白銀，但是這兩個卻是不同的東西。世界上的鉑金儲量很少，所以比黃金還昂貴。**俄羅斯東部邊境有一條山脈，叫烏拉山脈，山勢比較低矮，但是山中出產鉑金。**

俄羅斯還有一種很奇怪的岩石「石棉」，長得像一束束絲線，可以做成布料。石棉做成的石棉布不會燃燒。據說，很久很久以前，有一個國王擁有一塊石棉做的桌布。那個時候，大家還不了解石棉的特性，於是國王每次用完餐，就會用石棉布表演，引來眾人驚奇的讚嘆。他會把桌布丟進火裡燒，燒了好一陣子後將它拿出來，桌布一丁點兒都沒有被燒過的痕跡，客人看了都覺得很神奇，以為是奇蹟。

我們現在會用石棉製作管道、消防員的制服和屋頂，非常安全，不用擔心它會燃燒。美國、加拿大的部分地區也出產石棉。（註 3）

！校長爺爺小叮嚀

1. 俄羅斯南部的土質非常肥沃，因為土壤顏色接近黑色，又被稱為「黑土」。
2. 位於俄羅斯的「裏海」是全世界最大的湖泊。
3. 位於俄羅斯境內的烏拉山脈出產「鉑金」。
4. 歐洲最高的山脈是「高加索山」位於俄羅斯境內。
5. 窩瓦河的水流相當緩慢，讓人難以區分河水的流向，這條河也盛產鱘魚。

註3：由於石棉纖維極其微小，若飛散到空中被吸入到肺裡後，經過二十～四十年的潛伏期，容易誘發肺癌等肺部疾病，所以，自一九七〇年以後，世界各國陸續減用或禁用石棉。

東歐與南歐

從九個變成十六個

> 在十八、十九世紀時，東歐與南歐有一個相當大的國家——奧匈帝國，
> 也是當時國力相當強盛的國家。
> 然而，因為這個國家有許多的民族，大家都想要獨立出來，
> 因此在一次世界大戰之後，奧匈帝國解體，
> 分裂成了現在你所看見的東歐與南歐許多小國家。

這章的名字有點怪吧？是什麼意思呢？看完這一章你就會懂了。全世界有成千上萬座城鎮，其中，有很多城鎮你連名字都沒聽過。那些地方也住著很多人。同樣的，他們可能也沒聽說過我們住的城市。有很長一段時間，在俄羅斯和歐洲大陸其他部分之間有九個國家，在別人看來，這些小國一點也不重要，但是對於居住在那裡的人來說，每個國家都很重要。

九個國家中，有一個國家的名字是以「克」結尾，一個是以「夫」結尾，兩個是以「蘭」結尾，兩個以「利」結尾，另外還有三個都是以「亞」結尾。除非是喜歡地理和集郵的人，否則其他國家的人可能都沒聽過這些名字。

這九個夾在俄羅斯與西歐中間的國家，有兩個國家和俄羅斯交界，也就是：芬蘭和舊時的奧匈帝國。

芬蘭是九個國家中，面積最大的國家，位於俄羅斯與斯堪地那維亞半島之間。「芬蘭」的意思就是「濕地遍布的土地」，因為在芬蘭境內，有許多濕地與湖泊。在某些方面，**芬蘭與挪威、瑞典很相似，也有峽灣，同樣也生產紙張和火柴，也是共和制國家，每個國家都有一位總統。**

另一個以「蘭」結尾的國家是波蘭，這個國家的名字就是「平坦的土地」。波蘭的國土面積和芬蘭差不多，有很多農田、鐵礦和煤礦，許多著名的音樂家也出身於波蘭。

波蘭底下原本有一個土地狹長的國家，它的名字很有趣，叫做「捷克斯洛伐克」。這裡以前出產很多瓷器與玻璃器皿，我有一套瓷盤，上面就印著「捷克斯洛伐克製造」，這套瓷盤就是出自這個地方。但是現在，這裡的人是否生產瓷器與玻璃器皿，我就不敢肯定了。我之所以說「原本」有這個國家、「以前」生產瓷器，是因為：從一九九三年一月一日起，「捷克斯洛伐克」就分為「捷克共和國」和「斯洛伐克共和國」兩個獨立國家，已經與從前大不相同了。

歷史上還有個偉大的國家，叫做「奧匈帝國」。不過，現在奧地利和匈牙利已經是兩個獨立國家。

有一條著名的河流流經奧地利和匈牙利，這條河叫「多瑙河」，與萊茵河齊名，同樣流入黑海中。許多童話故事、詩歌和音樂作品，都與多瑙河有關，比如：你聽過著名的華爾滋舞曲「藍色多瑙河」嗎？奧地利的首都維也納，曾經以飯店和烹飪著稱。現在，美國也有維也納風格的飯店，出售維也納小麵包，讓你即使不是身在維也納，也能嚐到維也納小麵包和其他維也納風味的食物。

「匈牙利」的意思就是「匈奴人的土地」，這片土地種植大量的小麥。你有沒有吃過匈牙利燉牛肉？匈牙利燉牛肉的味道濃郁，裡面放

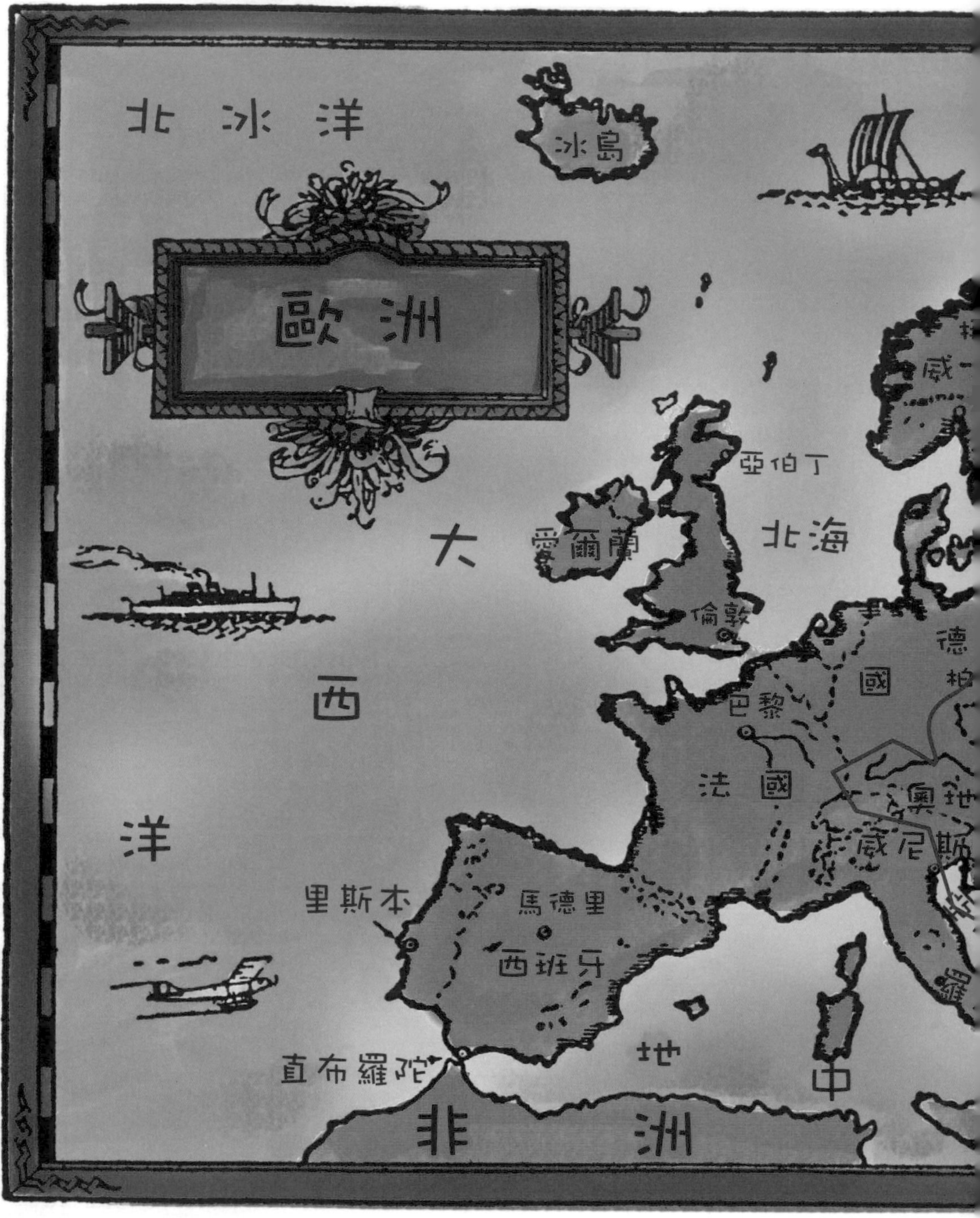

✡ 波羅的海東岸今有立陶宛、愛沙尼亞、拉脫維亞三個小國，圖中的南斯拉夫現已分裂為七個國家：塞爾維亞共和國、蒙特內哥羅、克羅埃西亞、斯洛維尼亞、馬其頓、波士尼亞與赫塞哥維那聯邦、科索沃。

NORTH CAPE
西伯利亞
瑞
芬
蘭
拉多加湖
的海
聖彼得堡
莫斯科
俄
羅
斯
窩瓦河
華沙
波蘭
基輔
斯洛伐克
牙利
羅馬尼亞
斯拉夫
保加利亞
黑海
裏海
巴統
巴庫
伊斯坦堡
阿爾巴尼亞
雅典
亞洲

了很多胡椒和調味料。在美國，有些飯店也提供這道菜，還會以管弦樂隊演奏匈牙利音樂。匈牙利音樂和吉普賽舞蹈的伴奏很像，時而緩慢，時而快速，時而溫和，時而雄壯，中間還夾雜著跳躍的旋律。有部分匈牙利人也和中國人有關，這些人叫做馬札爾人。

你有沒有看過手相或算過命呢？吉普賽人在各地流浪，以看手相和算命為生。大部分的吉普賽人來自匈牙利的鄰國、與黑海交界的羅馬尼亞。據說，很久很久以前，羅馬人曾經來到這裡定居，他們用「羅馬」為這個國家命名，有就是「羅馬尼亞」，至今，羅馬尼亞語還是跟羅馬語或義大利文有點像呢！

保加利亞是黑海旁邊的國家，有許多森林、山脈和農田。森林裡住著野熊、野貓和野豬，還有一種叫「羱羊」的野山羊。山谷間，則住著形似山羊的山羚。擦洗車輛用的一種仿羚羊皮棉織布（chamois cloth），就是取名自這種小動物。以前，羚羊皮布是以柔軟的真羊皮製作的，但是，我們現在採用別的材料製成仿羊皮。保加利亞最重要的產業是香水製造業。

美麗的吉普賽女郎，
她可以給你算命。

傳統阿爾巴尼亞的男人也會穿短裙「佛斯坦尼拉」。

這裡種植很多玫瑰，生產精緻昂貴的香水，叫做「玫瑰精油」。生產一小瓶玫瑰精油，需要整整一屋子那麼多的玫瑰花瓣。你可以想像玫瑰精油有多麼昂貴吧！

阿爾巴尼亞是個很小的國家，大部分的人民種植莊稼，養殖牛羊。阿爾巴尼亞的部分地區，男人會穿一種及膝的短裙，裙襬寬大，就像跳舞時穿的裙子一樣。記得我們前面說過，蘇格蘭男人也會穿短裙嗎？他們的短裙是用深色布料做的，阿爾巴尼亞的這種短裙卻是用白色布料做的，叫做「佛斯坦尼拉」（fustanella）。

隔著亞得里亞海與義大利遙遙相望的地區原本叫「南斯拉夫」，

這裡有豐富的森林和銅礦資源，銅產量比歐洲其他國家還多。如今，這塊地已經分裂成七個國家，要記住這些國家的名字可得費不少時間：塞爾維亞共和國、蒙特內哥羅、克羅埃西亞、斯洛維尼亞、馬其頓、波士尼亞與赫塞哥維那聯邦、科索沃。會演變成這樣，是因為原來的南斯拉夫有許多不同民族，而每個民族都不願意接受別人的統治，進而追求獨立。

當我聽到一個人名或地名時，總會聯想到和這個人或這個地方有關的東西，例如：

聽到「喬治 華盛頓」，我首先就會想到櫻桃樹。

聽到「紐約」，我會想到摩天大樓。

聽到「芬蘭」，我會想到濕地。

聽到「波蘭」，我會想到音樂。

聽到「奧地利」，我會為想到維也納小餐包。

聽到「匈牙利」，我會想到藍色多瑙河。

聽到「羅馬尼亞」，我會想到吉普賽人。

聽到「保加利亞」，我會想到羚羊和香水。

聽到「阿爾巴尼亞」，我會想到穿短裙的男人。

聽到「捷克斯洛伐克」，我會想到瓷器與玻璃器皿。

聽到「南斯拉夫」，我會想到銅。

現在，你知道「從九個變成十六個」是什麼意思了吧？這個地區曾經有九個國家，但是，同樣的地方現在卻出現了十六個國家。國家是多一點比較好，還是少一點比較好，只有居住在那裡的人才能真正明白箇中滋味。

！校長爺爺小叮嚀

❶ 據說，羅馬人曾經來到「羅馬尼亞」定居，也因此用「羅馬」為這個國家命名。

❷ 阿爾巴尼亞的男人跟蘇格蘭人一樣，都會穿短裙。

❸ 芬蘭有許多濕地與湖泊，與挪威、瑞典的氣候類似。

❹ 南斯拉夫現今已分裂為七個國家：塞爾維亞共和國、蒙特內哥羅、克羅埃西亞、斯洛維尼亞、馬其頓、波士尼亞與赫塞哥維那聯邦、科索沃。

❺ 保加利亞種植許多玫瑰，因此當地利用玫瑰製造許多香水。

動動腦，想想看！

看了這麼多有趣的東歐故事，讓我們看看你知不知道這些問題的答案吧！

Q1 俄羅斯現在的首都為？

Q2 全世界最大的湖泊「裏海」在哪個國家呢？

Q3 歐洲最高的山脈叫什麼名字呢？

Q4 大部分的吉普賽人來自哪個國家呢？

檢查看看，你答對了嗎？

A1 莫斯科。

A2 俄羅斯。

A3 高加索山脈。

A4 羅馬尼亞。

這些問題你都答對了嗎？

答對了，請繼續跟著校長爺爺，一起探索亞洲的故事吧！

答錯了別灰心，翻回前面，讓校長爺爺重新告訴你世界的故事！

亞洲

歷史悠久的國度

我們所居住的亞洲，是世界七大洲中，面積最大的一塊，也是人口最多的一個大洲。這裡的國家有著與歐洲完全不同的文化背景與生活習慣，歷史文化也較為悠久，其中最具代表性的發源地為：美索不達米亞文明、印度河流域文明和黃河文明。而我們所居住的地方，正是受到黃河文明影響的地區呢！

亞洲小檔案

總面積：4457 萬平方公里
人口數：40 億人
主要國家：土耳其、敘利亞、以色列、巴勒斯坦、伊拉克、沙烏地阿拉伯、伊朗、日本、中國、印度

北冰洋
Arctic Ocean
印度北部有世界上最高的山脈——喜馬拉雅山，其最高山峰為珠穆朗瑪峰，又稱為「聖母峰」。
歐洲
Europe
與美國位置相對的國家，正是位於亞洲的印度。
非洲 Africa
位於阿拉伯的麥加，是伊斯蘭教教徒穆斯林的聖地，每年都有許多人千里迢迢的前去朝聖。
印度洋
Indian Ocean

世界上最冷的地方在西伯利亞地區，溫度甚至會低到零下四十度以下。
亞洲
Asia
日本人的主食是米飯，主要的飲品則是茶。
太平洋
Pacific Ocean
絲綢、瓷器、茶、印刷術、指南針，都是由中國傳至西方國家。
馬來半島位於泰國旁邊，看起來就像一隻伸出來的象鼻子。
大洋洲
Oceania

土耳其（1）

新月之國

土耳其小檔案

英文名稱：Turkey
總面積：78萬平方公里
人口數：7946萬人
首都：安卡拉
最大城市：伊斯坦堡
貨幣：土耳其里拉
語言：土耳其語
主要農產：榛果、無花果、杏仁、杏桃、葡萄乾

地球上的每個地方，都是另一個地方的東邊，例如：中國的東邊是美國；美國的東邊是歐洲。但是，對歐洲人來說，有一個地方是地球真正的「東方」，就是「亞洲」。亞洲是全世界最大的大陸。很久很久以前，有一個神話故事是這樣的：

一個亞洲的神仙愛上了一名美麗的凡間女子歐羅巴，可是神仙與凡人相愛是違反天條的，於是這個神仙化身成一頭雪白的公牛。白牛來到人間，極力說服歐羅巴，讓歐羅巴坐在牠背上，帶著她逃走。白牛一直跑啊跑啊，來到了一個海峽邊。廣闊的海水沒有邊際，深不見底，白牛卻毫不猶豫地跳下水，拚命向前游。好不容易，白牛和歐羅巴終於到達海洋那端的大陸，相信再也不會有人找到他們，能放心的相愛了。那

是一塊全新的大陸，後來人們就根據歐羅巴（Europa）的名字，把這塊大陸叫做歐洲（Europe）。

不相信這個神話故事的人說，歐洲的意思其實是「太陽落下的土地」，而亞洲是「太陽升起的土地」。

而白牛游過的海峽現在叫做「博斯普魯斯海峽」。

人們在歐羅巴登上陸地的地方，建造了一座城市。大約一千年後，第一位信奉基督教的羅馬皇帝「君士坦丁大帝」，把首都從羅馬遷到這裡，並根據自己的名字，把這座城市叫做君士坦丁堡。

又過了一千年左右，來自亞洲的土耳其民族占據了君士坦丁堡。歐洲大部分的人都是基督徒，但是土耳其人不信奉基督教，而是跟隨一個名叫穆罕默德的人，信奉名叫阿拉的神。據他們所說，穆罕默德是阿拉的使者。我們把信奉穆罕默德的人叫做穆斯林。

神仙化身為一頭雪白的公牛，帶著歐羅巴逃走了。

對歐洲人來說，亞洲是地球真正的東方。

太平洋
日本
東京
北韓
國
北京
黃
河
黃海
韓國
南京
江
長
廣州
亞洲
菲律賓群島
緬甸
越
泰國
埔
南海
拉
灣
婆羅洲
太平洋

後來，在一個月黑風高的晚上，敵軍悄悄靠近君士坦丁堡。那天晚上非常暗，伸手不見五指。一開始，人們一點都沒有意識到危險的來臨。突然，一輪彎月從雲朵後面鑽了出來，巡邏的人藉著月光，發現敵軍來襲，馬上拉響警鐘，拯救了整座城市。從此之後，土耳其人就在教堂上安裝一個新月標誌，就像基督教堂中有十字架一樣。土耳其人也有一個和紅十字會差不多的協會，叫做「紅新月會」。

全世界數一數二的大的教堂中，其中一個就是在君士坦丁堡，在土耳其人入侵前建立的。這座教堂叫做「聖索菲亞大教堂」，聖索菲亞的希臘語，意思就是「上帝智慧」。你有沒有認識叫「索菲亞」（Sophia）的女生？不管她是不是個聰明小孩，索菲亞就是「聰明」的意思。

土耳其人占領了君士坦丁堡以後，將原本掛在聖索菲亞大教堂和城裡其他教堂上的十字架拆下來、裝上新月標誌，將它們都改為供奉阿拉的清真寺。現在，整個城市中有八百多座清真寺。後來，土耳其人把「君士坦丁堡」改成了「伊斯坦堡」。你可能會說：「何必一直改名字呀，而且還是那麼奇怪的名字！」雖然，現在這個城市叫伊斯坦堡，但是君士坦丁堡使用的時間比伊斯坦堡長很多，而且更加廣為人知，所以我得把這個名字也告訴你。當然，我不會再告訴你這個城市使用君士坦丁堡之前用的是什麼名字，否則你又要多記一個名字了。如果想知道的話，你可以自己去查查看，也可以問問其他人。

土耳其人會在每座清真寺旁邊，建造一座形似蠟燭的塔樓，叫做「宣禮塔」（喚拜塔）。宣禮塔中間有一個陽台，每天都有一位喚拜者會在陽台上召喚城裡的人們進行祈禱，一天要祈禱五次呢！基督教堂用鐘聲提醒人們祈禱，穆斯林則是用這種方式提醒大家。穆斯林在家裡也不喜歡用鐘或鈴鐺，他們要叫僕人過來時，就拍拍手掌。喚拜者最早的一次召喚，是在早上五點鐘，他會說：「來祈禱吧，祈禱比睡覺更好。」很少有人會在清晨五點就起床祈禱，只有特別虔誠的穆斯林會放棄暖和的被窩，不辭辛勞地來到離他最近的清真寺祈禱。穆斯林祈禱時，會雙膝跪地，彎下身朝拜，直到頭貼著地面。

穆斯林進入清真寺之前，必須先清潔身軀。每個清真寺的台階上或院子裡，都有池塘或噴泉，供人們在進到清真寺前清洗自己的臉、手和腳。正因如此，伊斯坦堡有很多很多噴泉。他們還有個很怪的規定，只准男人進出清真寺，女人和小孩不准進去。有空的話，穆斯林每

穆斯林把教堂變成了清真寺。

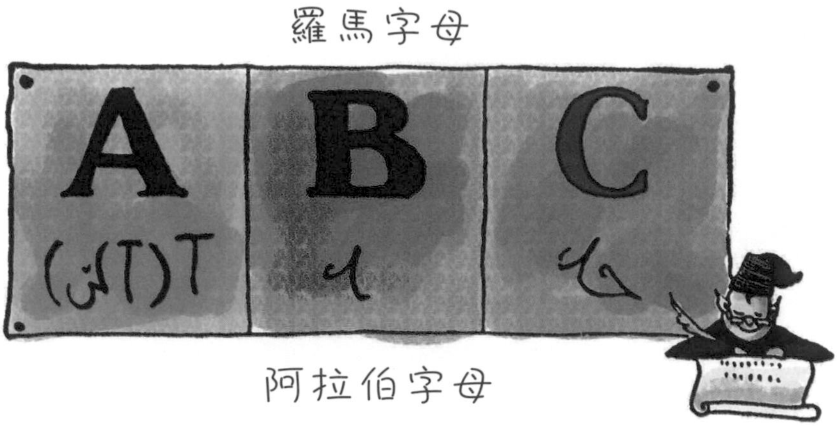

土耳其的文字已經發生了很大改變。

天都會去清真寺，但是大部分的人都很忙碌，只有在星期五去。

土耳其有一個形狀很像牛角的海灣「金角灣」，是博斯普魯斯海峽的一個小水灣，上面有一座大橋叫「加拉塔橋」。直到現在，我已經講過好幾座世界著名的大橋了吧？如：倫敦大橋、嘆息橋……。加拉塔橋是世界著名的古大橋之一，一年三百六十五天中，橋上都有不同國籍、不同膚色、不同穿著和不同語言的人川流不息。

金角灣的形狀像一個牛角，上頭有一座「加拉塔橋」（攝影者為 Yildiz und Erol Gülsen from 維基百科）。

土耳其語的文字看起來就像速記的字元，很難看懂，跟其他歐洲語言的文字差別很大。後來，土耳其也開始使用拉丁字母，一九二八年以後，土耳其人學習的，都是新的簡單寫法。

事實上，土耳其現在已經成為全新的國家了。過去的土耳其，被如同皇帝般的蘇丹王統治，蘇丹王擁有至高無上的權力，無論他的命令正確與否，人民都必須服從。現在，土耳其也有一個主要領導人，他與其他人民選出的領導人共同管理國家。

以前，土耳其女性如果沒有用面紗蓋住臉就出門的話，就會被認為是不端莊的行為。現在情況改變了，土耳其的女性也和美國女性一樣，戴著漂亮的帽子、穿著漂亮的裙子。

以前，土耳其男人可以有很多個妻子，每戶人家都有一棟獨立的房子，叫做「閨房」，給所有妻子住。這種情況也已經轉變了。

我們在感恩節和耶誕節時都會吃火雞，**火雞的英文單字和「土耳其」的英文拼法完全一樣。你可能會覺得很奇怪，火雞是食物，土耳其是國家，為什麼兩個字會一樣呢？其實火雞是從墨西哥傳入美國的，但是當時的人誤以為是從土耳其來的，就用這個名稱了。**

土耳其人的穿衣風格也已經和過去大不相同。

! 校長爺爺小叮嚀

❶ 土耳其人占領土耳其後，便將「君士坦丁堡」改稱為「伊斯坦堡」。

❷ 虔誠的穆斯林每天都會祈禱五次。

❸ 進入清真寺之前，穆斯林會清潔自己臉、雙手與雙腳。

❹ 聖索菲亞大教堂自土耳其人占領伊斯坦堡後，就改為伊斯蘭教的清真寺。

❺ 火雞的英文與土耳其的英文相同，因為當時人們以為火雞是從土耳其傳入。

土耳其（2）

沙漠之舟

土耳其小檔案

英文名稱：Turkey
總面積：78萬平方公里
人口數：7946萬人
首都：安卡拉
最大城市：伊斯坦堡
貨幣：土耳其里拉
語言：土耳其語
主要農產：榛果、無花果、杏仁、杏桃、葡萄乾

在伊斯坦堡，駱駝是很稀有的動物。其實駱駝本來就不是生長在歐洲的，歐洲的駱駝都是用船從亞洲，經過博斯普魯斯海峽運過去的。據說駱駝是世界上唯一永遠都學不會游泳的動物，大部分動物天生就會游泳，根本不需要學，小狗就是這樣。

駱駝習慣在沙漠中生活，一般來說，只要看到有很多駱駝出沒，就能推斷附近就是沙漠。駱駝喜歡又乾又熱的氣候，絲毫不以沙漠和烈日為苦。人類和大部分的動物一遇到豔陽照射，都想躲到陰涼處乘涼，駱駝卻喜歡躺在烈日下，因此被稱作「沙漠之舟」，是唯一能在「沙漠海」中裝運東西的「船隻」。駱駝的腳掌上有個像墊子的東西，能避免走路時腳蹄陷入沙子裡；體內有幾個囊袋，可以像水壺一樣儲存水分，

雙峰駱駝看起來就像脊椎骨彎曲一樣（攝影者為 J. Patrick Fischer from 維基百科）。

有時在沙漠中行走，沒有喝水的地方，牠就靠囊袋中的水解渴。

亞洲的駱駝通常只有一個駝峰，叫做單峰駱駝，而其他駱駝是有兩個駝峰的，叫做雙峰駱駝。駝峰讓牠們看起來好像脊椎骨彎曲一樣，其實那跟骨頭完全沒關係。駝峰裡面儲存著大量的脂肪，當處在沙漠中沒有食物吃的時候，駱駝就靠駝峰中的脂肪供應能量。

在廣大無垠的沙漠中，駱駝會跟著「領頭人」前進，「領頭人」走到哪裡，駱駝就跟到哪裡。長途運送貨物時，送貨者會把幾頭駱駝頭尾相連地繫在一起，彷彿一列小火車。隊伍的最前面通常有一頭驢子，就像火車車頭一樣，作為整個隊伍的「領頭人」。驢子的感覺很靈敏，可以辨別方向，比駱駝精明多了，所以驢子是「領頭人」，駱駝是「跟從者」。

高大的駱駝看起來居高臨下，非常了不起，但其實駱駝的大腦很小，一點都不聰明；脾氣看似比別的動物溫和，但有時也很冥頑不靈。駱駝在沙漠中緩慢前進時，常常會發出咕噥聲，好像一副不高興的樣子。訓練有素的駱駝會跪在地上，讓人把貨物放在背上，然後背著重重的貨物跟著主人往前走。如果背上的東西太重的話，跪在地上的駱駝根本站不起來，但只要牠站著，不管背上的東西有多重，都會堅持往前走。你可以一直放東西到駱駝背上，直到牠實在支撐不住，「碰」地一下跪在地上。如果駱駝背上已經背著牠所能承受的最大限度時，哪怕你再往上面放一根稻草，牠都會倒下來。所以如果你要求別人做太多事情，讓別人覺得無法承受時，那個人就會說：「你正在放壓垮駱駝的最後一根稻草啊！」

駱駝與最後一根稻草。

駱駝除了為主人運送東西，還有其他很多用途。駱駝媽媽可以像乳牛一樣為主人提供新鮮的奶，小駱駝的肉可以當作食物；駱駝的毛可以織成毯子、衣服和帳篷。事實上，世界上最好的畫筆筆頭就是用駱駝毛做的哦。

！校長爺爺小叮嚀

1. 由於駱駝是唯一能在沙漠中載運物品的動物，因此被稱為「沙漠之舟」。
2. 背上只有一個駝峰的駱駝稱為「單峰駱駝」，兩個駝峰的駱駝稱為「雙峰駱駝」。
3. 除了載運物品，駱駝的奶與肉也能當作糧食。
4. 駱駝的毛也可以用來織成毯子、衣服和帳篷，世界上最好的畫筆筆頭就是用駱駝毛做的。

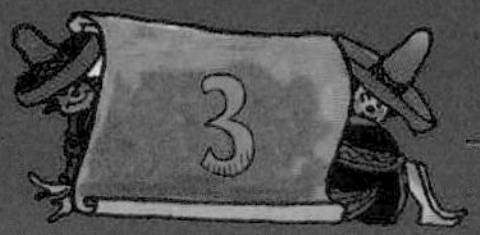

土耳其（3）

消失的小亞細亞

土耳其小檔案

英文名稱：Turkey
總面積：78 萬平方公里
人口數：7946 萬人
首都：安卡拉
最大城市：伊斯坦堡
貨幣：土耳其里拉
語言：土耳其語
主要農產：榛果、無花果、杏仁、杏桃、葡萄乾

男孩子長大前，我們都會把他叫做「小男孩」。在博斯普魯斯海峽的另一側，是亞洲的一個小角落，我們把這個半島叫做「小亞細亞」（也稱為「安納托利亞」）。

小亞細亞和歐洲並不相連，不過有兩個地方與歐洲離的非常近，如果是巨人走路的話，一抬腿就可以跨過去了。其中一個地方就是博斯普魯斯海峽，只有幾百公尺寬；另一個是達達尼爾海峽，最窄的地方只有一．六公里寬，很多人都成功地游過這個海峽，跨越歐亞兩洲，人們還利用首尾相連的小船在水中作為浮橋，在上面通行。（編註：目前伊斯坦堡已經建造了兩座跨越博斯普魯斯海峽的跨海大橋，二〇一三年也開通了海底隧道。）

小亞細亞是個消失的國家，它曾經是全世界最富裕的地區，現在卻相當貧窮。

曾是呂底亞國王的克羅伊斯就住在這裡，他曾經是世界上最富裕的人。

這裡也曾經有世界上最漂亮的女人。一個名叫海倫的美女被人從希臘的家鄉綁架，把她帶到小亞細亞一個叫特洛伊的地方。就因為海倫，引發了特洛伊戰爭。

荷馬，這個歷史上最著名的詩人之一，據說就出生在小亞細亞。

《聖經》中，傳播福音的聖保羅，也出生於小亞細亞一個叫塔爾索（又譯為「大數」）的小鎮上。在他四處傳福音之前，就是在那裡為士兵做帳篷。

你知道「世界七大奇蹟」嗎？就是七個被公認為最偉大的古代建

黛安娜神廟現況（攝影者為 Adam Carr from 維基百科）。

築，其中有三處就位於小亞細亞。

第一大奇蹟是為月亮女神黛安娜建造的神廟，位於小亞細亞的艾費蘇斯，遊客絡繹不絕。當時當地的銀匠製作了很多銀製的神廟複製品，賣給遊客當紀念品。後來聖保羅佈道時公開反對黛安娜，寫信告誡艾費蘇斯人說黛安娜是異教的女神。銀匠擔心聖保羅的行為會影響自己的生意，千方百計地擾亂聖保羅的活動。現在這座神廟已經化作廢墟，銀製的紀念品也無跡可尋，但仍然有成千上萬人閱讀聖保羅寫給艾費蘇斯人的信件，這些信件在《聖經》中也有記載。

第二大奇蹟是一座陵墓，它曾經是全世界最宏偉的陵墓，是一位夫人為丈夫摩索拉斯建的。現在這座陵墓也已化作廢墟。

離小亞細亞不遠處有一座小島——羅德斯島，島上有一座巨大的太陽神黃銅雕像，高度與十層樓房差不多高哦，人稱「羅德斯島巨像」。這就是第三大世界奇蹟。後來，附近發生大地震，銅像被震塌了，摔落的碎片被廢品舊貨商買走，這個奇蹟也煙消雲散了。

小亞細亞昔日的輝煌如今已全然消失，留下的只有那些曾經無比宏偉的建築遺址。現在的小亞細亞地區，除了少數大城市，大部分房屋都是用泥土建造的，每間屋子都只有一道門，沒有窗戶，泥土屋頂上常常長著雜草。

一次地震把這尊巨像震塌了。

小亞細亞地區現在屬於土耳其，但在第一次世界大戰時，土耳其曾經因為戰敗而失去它。

你看過安哥拉貓嗎？這種貓來自土耳其的首都安哥拉，非常漂亮，毛長長的、順順的，有著毛茸茸的尾巴。安哥拉附近地區有一種很特別的安哥拉山羊，羊毛又長又滑，可以用來做成小地毯和披肩。炎熱的夏天時男士穿的涼爽羊毛西裝就是用這種山羊毛做的，純山羊毛做成的衣服又輕又涼快，很適合在夏天穿。

小亞細亞有一條蜿蜒的河流，一會兒繞到這裡，一會兒繞到那裡，彷彿漫無目的地遊蕩，緩緩地流向海洋。因為河道曲折，人們就把這條河叫做「曲流河」（Meander River）。小亞細亞大部分地區都生產椰棗，而曲流河的山谷裡還出產無花果。駱駝將無花果和椰棗運載到地中海上一個叫做伊茲密爾（舊稱「士麥拿」）的美麗城市，從那裡轉為船運，將果實送到世界各地。在美國國內，你可能在街角的雜貨店中就能買到產於亞洲的無花果和椰棗哦！還有一種我們平常用的東西也是從伊茲密爾運來的，也就是「海綿」。海綿生長在小亞細亞附近的海底，採摘海綿的工人潛入海底，從海底的岩石上摘下海綿。

校長爺爺小叮嚀

1. 曾經是世界上最美的女人海倫因為被綁架到小亞細亞，因此引發了特洛伊戰爭。
2. 世界七大奇蹟中，就有三大奇蹟位於小亞細亞。
3. 小亞細亞地區盛產椰棗與海綿。

巴勒斯坦（1）

流著奶與蜜之地

巴勒斯坦小檔案

英文名稱：State of Palestine
總面積：6220平方公里
人口數：455萬多人
首都：東耶路撒冷
最大城市：加沙
貨幣：埃及鎊、以色列新謝克爾、約旦第納爾
語言：阿拉伯語
主要農產：葡萄、橄欖、無花果、大麥、小麥

我小時候曾去上主日學，在課程中常常會聽到《聖經》中出現一些城市的名字，如伯利恆和耶路撒冷，以及很多其他城市，那時我一直覺得這些只是書上的名字，沒想到世界上真的有這些城市，而且很多人就住在那裡！我們現在把《聖經》中很多故事發生的地方叫做「聖經之地」（Bible Land）。聖經之地位於地中海東面，北部是一個叫做敘利亞的國家，南部則是巴勒斯坦地區。「巴勒斯坦」的意思就是「聖地」。（編註：這地區目前分屬不同的國家，其中東邊是約旦的一部分，西邊則是以色列、巴勒斯坦兩個國家。）

聖經之地境內的很多城市在耶穌誕生時就已經存在，現在仍然還在，但也有很多城市已經變成廢墟了。有一座世界上最古老的城市也出現在《聖經》中，它在耶穌誕生時就已經有一千年的歷史，現在仍然還是個大城市，它就是「大馬士革」。

大馬士革最主要的街道是完全筆直的，名字就叫「直街」，街道兩旁商店林立。大馬士革曾經是東方最主要的購物中心，大家都會來到這裡的「市集」（bazaars）買東西。有些市集很小，小到要放一架鋼琴都很困難。或許美國一家大型百貨商店就能裝下大馬士革所有的市集！以前大馬士革沒有機器，市集上賣的都是當地人手工製作的東西 ，如珠寶首飾、小地毯、披肩、刀劍、絲綢等等。如今那裡賣的東西大部分都是用機器做的，而且不是大馬士革生產的，是在其他地方製造之後再運到大馬士革販賣。有些遊客在大馬士革買了小東西當紀念品，拿回來沾沾自喜地賞玩時才發現上面貼著「〇〇製造」的標籤。

我們都知道，如果在白紙上用白色的顏料畫畫，或在紅紙上用紅色的顏料畫畫，很難辨別上面畫了些什麼圖案。大馬士革有一種手工製作的精美布料，布匹和圖案的顏色是一樣的。我們就根據產地，稱這種布「大馬士革錦緞」。白色的大馬士革錦緞上繡著白色的圖案，紅色的大馬士革錦緞上繡著紅色的圖案，但所有的圖案你都能清晰地分辨出來。你家裡可能就有大馬士革錦緞的桌布、餐巾或床罩，但是我們買到的這些東西，大部分是機器生產，而不是手工製作。

大馬士革人以前還會用鐵製作一種飾品，上面鑲嵌著黃金或白銀，主要用來做劍上的裝飾品。那裡曾經生產很多精美的劍，劍刃非常鋒利，據說能削鐵如泥。現在，除非是為了炫耀或裝飾，否則士兵都不用劍了，因為現在的戰爭都是遠距離作戰，士兵根本沒有機會近距離拔劍對戰。

敘利亞的南部是巴勒斯坦地區，這裡有很多《聖經》中出現的城市，但我可沒辦法把它們都一一標示在地圖上，不然地圖就會布滿密密

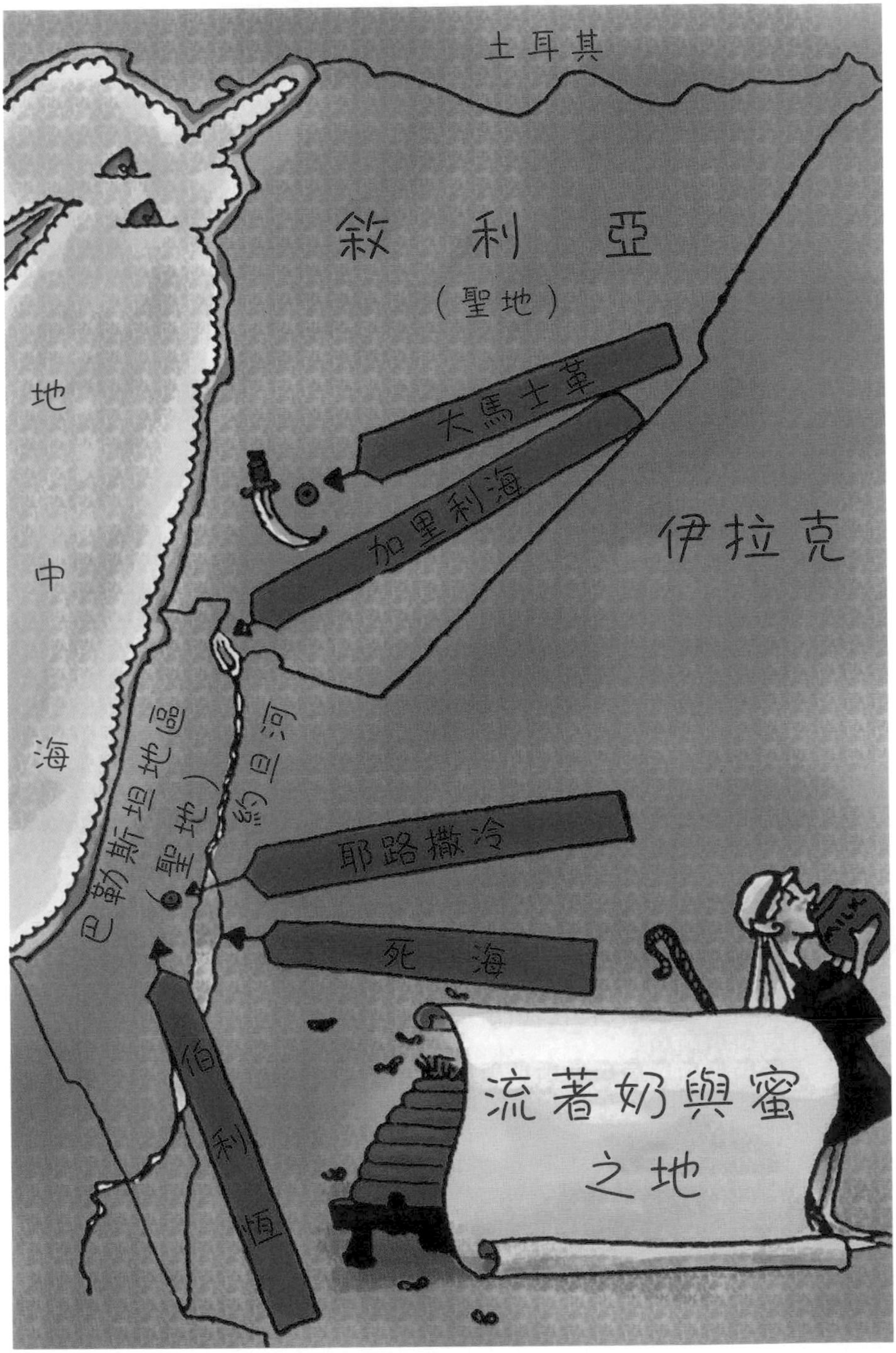

聖經之地——巴勒斯坦地區和敘利亞。

麻麻的小字了。

基督徒用魚作為他們的團體標誌。

巴勒斯坦地區的以色列北部有座城市叫達恩（Dan），聽起來就像一個小男孩的名字；南部則有座城市叫俾什巴（Beer-sheba）。《聖經》提到的「從達恩到俾什巴」（from Dan to Beer-sheba），意思就是從北到南，或從一頭到另一頭。而從達恩到俾什巴只有兩百四十幾公里，也就是說，以色列全國南北距離只有兩百四十幾公里，東西距離也只有八十多公里。開車的話，只要花一天就能走遍整個國家。

巴勒斯坦有兩個湖泊，一個在北部，另一個在南部。這兩個湖都被稱作「海」，北部的湖叫「加里利海」，南部的湖叫「死海」。死海會被稱為死海，是因為任何生物都無法在那裡生長。

加里利海中有很多魚，耶穌曾經來到這裡，在渡湖時展現神蹟，使暴風雨平靜下來。後來他請他的漁民好朋友幫忙教其他人捕魚，並說要讓他們成為福音傳教士。於是，加里利的漁民組成一個團體，用一幅魚的畫作為團體的標誌，你可能看過這個標誌哦！希臘語中「魚」這個單字最前面的兩個字母，和「耶穌」的英文最前面的兩個字母是一樣的，都是「ch」，很巧吧！現在加里利海中仍然有很多魚，仍然也會有暴風雨。

約旦河從加里利海曲折地流入死海，這條河就是施洗者約翰為耶穌洗禮的地方。很多人從世界各地來到約旦河來接受洗禮。當地隨處可見神職人員為人施洗。也有很多人會裝一瓶渾濁的河水，將這「聖水」帶回家，為自己的孩子施洗。約旦河的水流極快，不斷沖刷河岸和河底

死海的浮力很大，可以使人輕易地浮在水面上（攝影者為 Pete from 維基百科）。

的泥土，所以河水非常渾濁，當它流入死海時，將這些泥土都帶入死海中了。但奇怪的是，死海的水卻是跟地中海一樣的湛藍。

死海位於一個山谷的底部，地勢非常低，沒有任何河流從這裡流出來。你可能會問：「這樣的話，死海不會滿出來嗎？」別擔心，死海的水蒸發得非常快，留下大量的鹽分，所以死海變得越來越鹹，甚至比海水還鹹，人在其中會自動漂浮在水面上，根本不會被淹死。

《聖經》中最邪惡的兩個城市——所多瑪和蛾摩拉（Sodom and Gomorrah），就位在死海旁邊。故事是這樣的：上帝覺得這兩個城市太邪惡了，這裡的人作惡多端，所以決定毀掉它們。上帝事先把祂的計畫告訴虔誠的信徒羅得，要他帶著自己的家人逃走，並要求他們走的時候不能回頭看。但羅得的妻子在離開的路上，還是忍不住回頭望了一眼。這一望，她馬上就變成了鹽柱！如果你去那裡玩的話，導遊就會指著一堆鹽告訴你：「這就是羅得的妻子！」

羅德的妻子違背上帝的旨意，回頭看了一眼，立刻變成了一根鹽柱。

校長爺爺小叮嚀

1. 「大馬士革」是世界上最古老的城市，也曾出現在《聖經》中。
2. 以色列南北距離只有二百四十幾公里，東西距離只有八十多公里，開車一天就能走遍整個國家。
3. 位於巴勒斯坦的「死海」，因為任何生物都無法在此生存而得名。
4. 巴勒斯坦的加里利海有很多的魚，據說耶穌曾經到過這裡，並在此展現神蹟。
5. 約旦河從加里利海曲折地流入死海，這條河也是施洗者約翰為耶穌洗禮的地方。

巴勒斯坦（2）

準確的地點

巴勒斯坦小檔案

英文名稱：State of Palestine
總面積：6220平方公里
人口數：455萬多人
首都：東耶路撒冷
最大城市：加沙
貨幣：埃及鎊、以色列新謝克爾、約旦第納爾
語言：阿拉伯語
主要農產：葡萄、橄欖、無花果、大麥、小麥

巴勒斯坦地區有三個最著名的地方，第一個是耶穌出生的地方，第二個是耶穌生活的地方，第三個是耶穌去世的地方。

耶穌出生於伯利恆。事實上，伯利恆是一個又小又髒的村莊，跟我們在圖畫或聖誕卡上看到的乾淨明亮、宛如天堂、空中還有可愛小天使飛翔的地方完全不一樣。耶穌的父母當時正在旅行，途中路過伯利恆，耶穌就在那裡出生了。後來的人在某個地方建造了一座教堂，說那就是耶穌出生的地方，還在地板上放了一顆銀製的星星，說是耶穌出生「準確的地點」。事實上，根本沒人知道哪裡才是「準確的地點」。但有一點可以確定，那座教堂是全世界最古老的教堂。

耶穌雖然在伯利恆出生，但大部分時間都是生活在巴勒斯坦的另一個小鎮——拿撒勒，那裡是耶穌的故鄉。耶穌的爸爸名叫約瑟，是當地的一名木匠。如果你去拿撒勒旅遊的話，導遊就會帶你到一個地方，告訴你那是約瑟的木匠店，並指著一個工作台說，那是耶穌拿著鋸子、錘子和其他工具幫爸爸幹活的地方；還會帶你進入旁邊的廚房，告訴你那是耶穌的媽媽聖母瑪利亞煮飯的地方。

導遊說了那麼多「準確的地點」，其實全都不可信，畢竟那麼久以前的事，根本沒有人知道。但是，有一個「準確的地點」是可以相信的，就是聖母瑪利亞打水的井。為什麼這個地點是真的呢？因為以前拿撒勒沒有自來水，也沒有其他可以打水的地方，只有這口井，所以她一定是在這裡取水的啦！

巴勒斯坦還有一個重要的地方，就是耶穌去世的城市——耶路撒冷。耶路撒冷曾經是猶太人的首都，基督徒把這裡稱作「聖城」。奇怪的是，穆斯林也把耶路撒冷作為自己的「聖城」，還說耶穌誕生後六百年左右，穆罕默德也住在這裡。穆斯林相信穆罕默德，就如同基督徒相信耶穌。根據穆斯林的說法，穆罕默德也在耶路撒冷去世，並升入天

拿撒勒的女人們
至今仍然從這口
井中打水。
瑪利亞井

堂。後來，穆斯林占領了耶路撒冷，時間長達一千多年。從穆斯林奪走耶路撒冷開始，基督徒一次又一次試圖搶回這座城市，全歐洲的基督徒組成軍隊，向耶路撒冷出發，但經常被穆斯林打敗。一旦基督徒成功奪回耶路撒冷，穆斯林就會很快地再搶回來。這種情況持續到第一次世界大戰，英國占領耶路撒冷為止。

世界上可能沒有其他城市像耶路撒冷那樣，不斷地被摧毀，又不斷地被重建。耶穌誕生前一千多年，大衛王建造了耶路撒冷。後來，所羅門王在當地建造了宏偉的神殿。過沒多久，耶路撒冷就被其他人占領、摧毀又重建。有人說，其實歷史上有過八個耶路撒冷，每一個都建造在前一個的廢墟之上。這麼說來，更沒人會知道《聖經》故事發生的「準確地點」在哪裡了。

有人說在耶路撒冷發現了上帝創造的第一個人類「亞當」的墳墓。也有人說發現了耶穌的墓穴，墓穴附近的地面上有一個小洞。他們說，當時耶穌被釘的十字架就是插在那個洞裡的。因為這個驚人的發現，人們就在那裡建造一座「聖墓教堂」，讓前來的人進來祈禱。耶路撒冷城

據說，耶穌就是在橄欖山的山頂升上天堂的。

外有一座小山，叫「橄欖山」，據說耶穌就是在這座山頂升上天堂的。

穆斯林說穆罕默德死後也上天堂了，地點就在離聖墓教堂不遠的地方。他們在那裡建造了一座清真寺，叫做「奧瑪清真寺」，但那其實算不上是真正的清真寺。那棟建築所在的地方曾經是所羅門神殿，是由漂亮的大理石和瓷磚建成，還有一個碗狀的圓頂，比聖墓教堂漂亮多了，有人甚至說那是世界上眾多漂亮的建築之一。

在奧瑪清真寺下方，有一塊巨大的岩石。以前的人就是在這塊岩石上用牛獻祭的。據說當時上帝為了考驗亞伯拉罕，下令要亞伯拉罕把自己的兒子當作祭品。亞伯拉罕非常虔誠，真的準備在這塊岩石上殺死自己的兒子。上帝當然不是真的要他殺兒子獻祭，所以在知道他的心意堅貞後，便及時派了一名天使阻止他。而穆斯林說，那塊岩石就是穆罕默德升上天堂的地點。當時這顆石頭也想跟著穆罕默德到天堂去，但天使長加百列抓住石頭，將它丟回地面。你去那裡旅遊的話，導遊會指著石頭上的一些印子，告訴你那是當時天使長留下的指印。

圓頂的下面是一塊巨大的石頭，過去人們就在這塊石頭上殺牛獻祭。

現在你仍然能看到所羅門神殿的一部分遺跡，它是一座牆的地基。神殿被摧毀後，猶太人常常跑到牆邊哭泣，向上帝祈禱，希望能重建被古羅馬人搶走的國家，這就是有名的「哭牆」。

世界上很多國家都有猶太人居住，但沒有一個國家可以算得上是猶太人自己的國家。第二次世界大戰結束後，聯合國投票決定，將巴勒斯坦分成兩部分，一部分屬於猶太人，另一部分屬於居住在巴勒斯坦的阿拉伯穆斯林。猶太人祈禱了兩千年，終於有屬於自己的國家——以色列！以色列位在巴勒斯坦的西邊地區，靠近地中海，東邊的那片地區則成為阿拉伯國家約旦的一部分。耶路撒冷也被分成了兩部分。西邊較新的那部分歸以色列所有，東邊較舊的那部分歸穆斯林所有。

以色列是共和制國家，有全世界最古老的部分城市，也有全世界最新的城市——首都特拉維夫。特拉維夫有許多現代化的建築和寬闊的街道，整個城市整潔清爽，和那些舊城市截然不同。有許多國家的猶太人前往以色列定居，以色列也非常歡迎他們，畢竟它是真正屬於猶太人的國家。

以色列首都特拉維夫有許多現代化的建築和寬闊的街道（攝影者為 Beny Shlevich from 維基百科）。

校長爺爺小叮嚀

1. 耶穌去世的城市「耶路撒冷」基督徒稱此為「聖城」。
2. 第二次世界大戰之後，聯合國投票決定，將巴勒斯坦分成兩部分，一部分屬於猶太人，另一部分屬於阿拉伯人。
3. 以色列有著全世界最古老的城市，也有全世界最新的城市——首都特拉維夫。

伊拉克

美麗的伊甸園

伊拉克小檔案

英文名稱：Iraq
總面積：43 萬平方公里
人口數：3700 多萬人
首都：巴格達
最大城市：巴格達
貨幣：伊拉克第納爾
語言：阿拉伯語、庫德語
主要礦產：石油

你聽過伊甸園吧？我還是個小男孩時，常常會想：等我長大了，一定要去伊甸園，看看那裡究竟是什麼樣子，裡面是不是真的有拿著劍的天使。我還問過主日學校的老師伊甸園到底在哪裡，老師回答：「在《聖經》裡面。」這是什麼答案啊，我才不信呢！

許多年來，人們一直在尋找伊甸園，有人說找到了，更準確地說，是找到了曾經是伊甸園的地方。那裡現在看起來一點都不像花園，更不像我們想像中的天堂。

如果你在大馬士革街上問路人：「你知道伊甸園怎麼走嗎？」對方可能會以為你是個瘋子，或者乾脆敷衍你說：「抱歉，不知道，我也是剛來這裡的。」當然，運氣好的話，你會碰到知道怎麼去伊甸園的人。他會告訴你：「穿過沙漠，沿著太陽升起的地方一直走。騎駱駝的話，可能要走一個月；開車的話，一個星期左右就夠了。然後你會看到幼發拉底河，那是條混濁的河流。穿過幼發拉底河，再走一小段路，你會到達底格里斯河。這兩條河的交匯處就是你要找的伊甸園。」

有人說他們已經找到了伊甸園。

現在，那個地方已經沒有美麗的花園了，而且當你看到那裡的景象，會難以相信曾經有過花園：那裡大部分都是爛泥！長期不下雨的話，地面乾乾的，或許還能想像一下以前有個花園。不管怎樣，很多人都相信以前伊甸園就在那裡。有人甚至還會指著一棵結著幾個蘋果的蘋果樹，告訴你那就是長著禁忌果實的那棵蘋果樹。

人們認為《聖經》中的滅世洪水就發生在幼發拉底河和底格里斯河之間的山谷裡。你一定知道這個故事：上帝指示諾亞先打造一艘大型的方舟，要他帶著家人和動物躲進方舟，避免被淹沒。後來洪水淹沒了整個山谷，諾亞乘著方舟成功逃生。後來這艘方舟停在亞拉拉特山上。

幼發拉底河和底格里斯河之間的山谷叫做「美索不達米亞平原」，「美索」意為「在……之間」，「不達米亞」意為「河流」，所以「美索不達米亞」就是「在河流之間」的意思。現在那裡叫做伊拉克，你可以在地圖上找到這個名字。

底格里斯河上曾經有過一座叫尼尼微的大城市，離兩河交匯處很遠的幼發拉底河下游也曾經有一座叫巴比倫的大城市。我會說「曾經」，是因為這兩個城市在耶穌誕生前，是全世界最大的城市，後來都消失了。

你有沒有在沙灘或沙地上堆過房子或城堡呢？當你做好的時候，可能會有比你大的壞孩子過來欺負你，把你的房子和城堡踩個稀爛。尼尼微和巴比倫就像被巨人踩過一樣，曾經有過的許多漂亮建築和宮殿都不復存在了。多年以來，許多考古學者在當地不停地挖掘，終於挖出了一些以前的人用過的東西。巴比倫的「空中花園」也曾被譽為「世界七大奇蹟」之一，當然，這座花園也消失了。

現在底格里斯河畔也有兩座大城市，摩蘇爾和巴格達。

你聽說過穆斯林薄布（muslin）嗎？這種布就是在摩蘇爾生產的。二十世紀初，人們在摩蘇爾附近發現足以供應全世界汽車需求的大量石油資源，於是在此鋪設了許多石油管道，將油井和地中海連接起來。如此一來，石油便能順著管道裝到油輪上，運到歐洲和美國。

摩蘇爾是伊斯蘭教城市，城裡有一座巨大的清真寺，上面有一個宣禮塔，像比薩斜塔一樣是傾斜的。據說穆罕默德曾經路過這座宣禮塔，宣禮塔看到偉人經過，向他鞠了個躬，就再也直不起來了。宣禮塔和比薩斜塔一樣，也不斷地傾斜。

你讀過阿里巴巴的故事嗎？另一個大城市巴格達街道上的人，看起來就像故事《一千零一夜》圖畫中的人一樣。巴格達的夏天非常炎熱，有時溫度會高達攝氏五十度以上！我們都知道，三十八度就是人類能忍受的最高溫度了，巴格達實在熱得不像話。第一次世界大戰後的一

法國畫家布朗熱（Gustave Boulanger）於一八七三年所繪製的《一千零一夜》。

段時間，由英國統治伊拉克和巴格達。英國人為當地帶來了很大的變化，他們在巴格達建造了一條寬闊的大街，叫做「新街」，還引入電燈和冰工廠，這些東西以前從來沒有在巴格達出現過。他們還讓當地人選舉出一位國王，為伊拉克造了一個王國。現在，伊拉克已成為一個獨立的民主共和國（註 4）。

校長爺爺小叮嚀

1. 幼發拉底河與底格里斯河中間的山谷，就叫做「美索不達米亞平原」，也就是「在河流之間」的意思。
2. 幼發拉底河下游的古城市巴比倫，其空中花園曾被譽為世界七大奇蹟之一。
3. 阿里巴巴的故事就發生在底格里斯河畔的巴格達。

註4：伊拉克名義上是民主的共和國政體，但實際上至二〇〇三年之前都是一黨控制的專制體制。二〇〇三年薩達姆．海珊政權被推翻後，伊拉克開始政權重建工作，二〇〇五年五月，在美國的占領下，伊拉克過渡政府正式宣誓就職。然而，即使過渡政府成立，恐怖份子的威脅與暴力衝突依然籠罩著這個國家。

沙烏地阿拉伯

故事的國度

沙烏地阿拉伯小檔案

英文名稱：Saudi Arabia
總面積：214萬平方公里
人口數：3千多萬人
首都：利雅德
最大城市：利雅德
貨幣：沙烏地里亞爾
語言：阿拉伯語
主要農產：椰棗

你有沒有一整天都不喝水的經驗呢？應該沒有吧，很少有人會遇到這樣的情況。不吃東西的話，有些人可以堅持幾天或幾個星期，但一星期不喝水的話，沒有人能活下去。如果你住在一個沒有任何河流或湖泊的國家，那裡又很少下雨，連喝的水都沒有，更別說洗澡了，那會是什麼樣的情況啊，你能想像嗎！那個國家其實被大海包圍，但海水是鹹水，不能當飲用水喝。整個國家除了邊緣地區和少數幾個地區比較溼潤之外，其他地方幾乎全是沙漠。你心裡一定在想：天啊，那種國家還能住人嗎？然而，阿拉伯就是這樣的情況。

阿拉伯是阿拉伯人的家鄉，人民住在少數比較溼潤的地方，我們稱那些地方為「綠洲」。我們常常吃麵包和奶油，阿拉伯人則常常吃椰棗。阿拉伯人把椰棗樹種得很深，因為水源深在地下，越深就越潮溼。比較富裕的阿拉伯家庭都會養駱駝，只有駱駝才能忍受那麼惡劣的環境。也有些人也會養少數山羊、綿羊和馬。

阿拉伯馬的體型比普通的馬小，奔跑的速度卻很快，而且耐力很好，所以許多競賽用的賽馬都有阿拉伯馬血統。

阿拉伯人有一點很像小孩，就是很喜歡聽故事，尤其是睡前故事。很久很久以前，國王擁有至高無上的權力，可以任意處死人。據說曾經有一位阿拉伯國王，每天都要娶一位王后，然後隔天早上就把王后處死。後來有一位王后，在新婚的晚上講了一個很有趣的故事給國王聽，並告訴國王，只要第二天不處死她，就會再講一個故事。就這樣過了一天又一天，王后整整講了一千零一個故事。後來國王覺得自己已經被王后深深吸引了，就和這位王后一直幸福地生活下去。後來，王后說的故事被翻譯成各種語言，就成了我們現在看到的名著《一千零一夜》。

創立伊斯蘭教的穆罕默德，在耶穌誕生後六百年左右，出生在阿拉伯一個叫做麥加的地方。他長大後，在一位富裕的寡婦家擔任趕駱駝的工作，後來寡婦愛上他，和他結婚。之後，穆罕默德覺得自己受到上

阿拉伯人的馬、綿羊和山羊

一生中，至少要去一次麥加「朝聖」。

帝的召喚，應該做上帝的信使，傳遞天上來的信息。他的妻子和朋友們都很信任他，但其他人不相信，把他趕出麥加。穆罕默德只好前往一個叫麥地那的小鎮，繼續宣揚教義。

不久之後，有許多人追隨穆罕默德到麥地那，他就在此創立了伊斯蘭教。我們前面說過，耶路撒冷是穆斯林的聖城，麥加也是，而且被認為是最神聖的地方，還是世界的中心，而麥地那是僅次於麥加的第二大聖城。**穆斯林認為，在麥地那做一次跪拜祈禱，相當於在其他地方做一千次。因此，很多穆斯林會千里迢迢趕到那裡禱告。**

伊斯蘭教和基督教一樣有戒律。基督教有十戒，而伊斯蘭教基本上有四條戒律：第一戒是每天禱告五次；第二戒是遇到乞丐乞討，都必須施捨，哪怕是一塊錢也好；第三戒是每年齋戒一個月，就像基督教的

一路上國王足跡所至之處都鋪上了地毯——足足幾百公里。
通往麥加

大齋期那樣（註5）；第四戒是在一生中，至少要去一次麥加「朝聖」。無論住在哪裡，每個穆斯林都希望自己能在去世之前去過麥加。以前，有一位名叫哈倫的伊斯蘭教國王，他曾步行幾百公里，從巴格達到麥加去朝聖。當然，因為他是國王，所行之處都鋪著毯子。

你看過流星嗎？流星其實是燃燒的隕石。大部分的流星在落到地面之前，就會燃燒殆盡，只有少數會掉到地上。麥加城中有一座清真寺，寺裡有一塊鑲嵌在建築物「克爾白」上面的黑色石頭，穆斯林信誓旦旦地說它是從天堂掉落的。這種說法勉強算是對的，因為這塊石頭很有可能是未燒盡就落到地面的流星。穆斯林相信，只要親吻一下石頭，自己的一切罪惡就能得到原諒，死後就可以榮升天堂。他們還說其實石頭本來是白色的，但因為很多穆斯林親吻了石頭，罪惡都被石頭吸收了，所以石頭才變成黑的。

註5：基督教的大齋期始於聖灰節，終於復活節前一天，共計四十日。期間教徒必須守戒，此時教堂的祭台不供花，教徒也不舉行婚禮，停止一切娛樂。

現在從大馬士革到麥地那有一條長達一千三百多公里的鐵路（註6），從麥地那到麥加則可以坐汽車（註7）。鐵路和公路只對朝聖者開放，麥加和麥地那也只允許穆斯林進入。

前面我們說過白海和黑海，現在來講講紅海吧。阿拉伯邊境有一個狹長的海，叫做紅海。我不知道為什麼這個海要叫紅海，我去過那裡，海水和地中海一樣藍，跟紅色一點關係都沒有。本來紅海和地中海之間隔著一小塊地——蘇伊士地峽，後來人們在那裡開鑿了一條運河，讓船隻能自由往返於紅海和地中海，這條運河就叫「蘇伊士運河」。

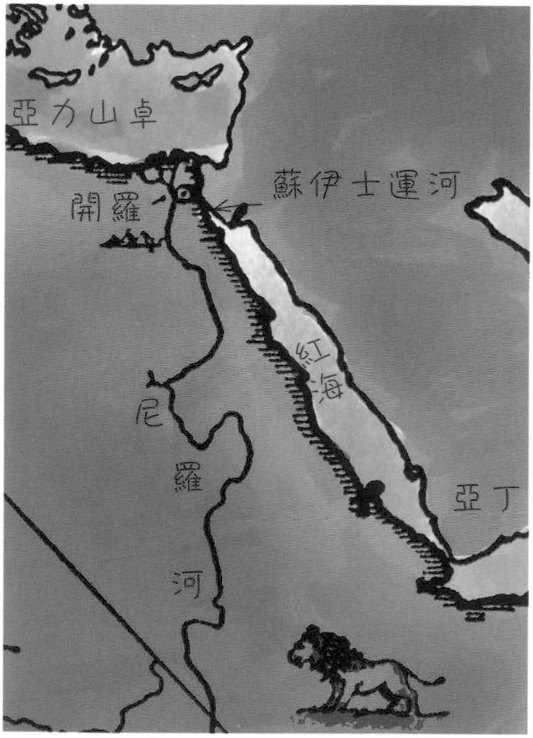

蘇伊士運河是世界上的重要運河之一。運河開通之前，亞洲大陸和非洲大陸隔著蘇伊士地峽，船隻必須向南行駛，繞過整個非洲，才能到達東方的亞洲，運河開通之後就方便多了，所以它可以說是西方通往東方的水上通道。蘇伊士運河曾經歸英國所有，但由於運河位在非洲一個名叫埃及的國家境內，在埃及人的強烈要求下，英國便在一九五六年時，將運河轉交給埃及了。

註6：不過，這條通車超過百年的漢志鐵路，由於不斷遭到破壞，目前僅有大馬士革到安曼之間還在運行。
註7：沙烏地阿拉伯正在建設一條連接麥加與麥地那的高速鐵路，預定二〇一八年完全通車。

全世界最乾燥的城市就在紅海邊，叫做亞丁，它控制了紅海南端出口。亞丁也一度歸英國所有，那時占領這個城市的英國可以決定讓誰經過紅海。大西洋和印度洋之間的三條水上通道——直布羅陀、蘇伊士和亞丁，都曾經屬於英國。（編註：一九六七年，南葉門獨立，將亞丁從英國手中收回，並將其定為首都。）

亞丁沒有泉水，沒有湖泊，也沒有河流，常常好幾年都不下雨，在那裡居住的人完全無法以自然途徑獲得飲用水。後來英國人發明了一種方法，他們將海水煮沸，用大水罐將蒸發的水蒸氣收集起來。鹽分無法隨著水蒸發，水蒸氣在水罐裡冷卻後就是淡水，可以飲用。

你可能從來沒聽過阿拉伯語，也覺得自己沒看過阿拉伯文字吧？其實，你每天都在寫阿拉伯文哦！你寫的「1、2、3、4、5」就是阿拉伯數字。阿拉伯數字從「0」到「1」只有十個字母，但從「1」到「1000000000……」，則可以組成不計其數的數位。

阿拉伯是一片乾燥神奇的土地，離我們非常遙遠，似乎與我們一點聯繫都沒有。但是，如果世界上沒有阿拉伯人的話，我們就沒有阿拉伯數字，你也沒有《一千零一夜》可看了。

校長爺爺小叮嚀

1. 創立伊斯蘭教的穆罕默德，在耶穌誕生後六百年左右，出生在阿拉伯的麥加地區。
2. 連接紅海與地中海的蘇伊士運河，讓船隻能自由往返，不用繞過整個非洲。
3. 紅海邊有全世界最乾燥的城市——亞丁。

伊朗

獅子和太陽

伊朗小檔案

英文名稱：Iran
總面積：164 萬平方公里
人口數：7900 多萬人
首都：德黑蘭
最大城市：德黑蘭
貨幣：里亞爾
語言：波斯語
主要礦產：石油

你看過波斯貓嗎？波斯貓是大型貓，非常漂亮，毛又厚又軟。這種貓就產於波斯。

波斯也是個「曾經存在」的國家，它一度是全世界最強大的國家，但現在很多人都不知道波斯確切的位置在哪裡，而且地圖上再也找不到波斯這個名字了。波斯語中的波斯就是「伊朗」，現在地圖上標的都是「伊朗」，而不是波斯。以前我一直都覺得家裡沒有來自波斯的東西，寫這一章的時候，我環顧全屋，檢視了一下家裡的東西，這才知道，我家竟有十樣左右的東西來自波斯，或與波斯有關！

我腳下的地毯就來自波斯，它是用羊毛線純手工編織的，有漂亮的彩色圖案。要完成這樣一張地毯，很可能要花上一個波斯人幾個月、一年甚至幾年的時間。據說有的波斯地毯甚至需要用一輩子的時間才能完成。

我妻子有一條絲綢披肩，也是波斯人手工編織的。波斯人也養蠶，蠶結成繭時，便從繭上取下蠶絲，將蠶絲紡成線，染成各種各樣的顏色，然後做成披肩。

我妻子還有一個戒指，上面有一顆藍綠色的石頭。這種石頭叫綠松石，是十二月份的誕生石，也來自波斯。在部分東方國家，人們會佩戴綠松石，以避開所謂的「惡毒眼光」。他們認為，有些人的眼光很惡毒，只要被看一眼，就會有厄運，而綠松石可以阻擋這些惡毒眼光。

我妻子的梳妝檯上放著一小瓶香水，裡面有珍貴的玫瑰精油。在波斯的一部分地區種植著漂亮的玫瑰，那裡的人用玫瑰花瓣製作香水。

我有一個領帶夾，上面有一顆珍珠，這顆珍珠就來自於波斯灣海底的牡蠣。

波斯詩人歐瑪爾．海亞姆。

我家的浴室拖鞋也來自波斯。

我的書桌上有一盞馬茲達檯燈，名稱源自波斯神明的名字。

我的書架上放著一本書，叫《魯拜集》，是波斯詩人歐瑪爾．海亞姆寫的四行詩集。

有時候，我的早餐會吃哈密瓜，這種水果一開始是在波斯種植的。很多很多年以前，有人把哈密瓜的種子從波斯帶到美國種植，我們現在才能吃到它。有時候，我也會吃桃子，桃子最初也是在波斯種植的。

如果我家有一隻波斯貓的話，和波斯有關的東西可能就齊全了。不過我們只養了一條狗，沒有養貓。

波斯貓（攝影者為 Union-Maminia from 維基百科）。

伊朗被稱為「獅子和太陽的土地」，他們的國旗上就有一頭獅子和一個太陽。（編註：伊朗舊時國旗中間有一頭獅子和一個太陽，然而自一九八〇年起，改用現有國旗樣式。）我不知道為什麼要用獅子，不過我知道為什麼會用太陽。波斯人以前很崇拜太陽，太陽就是波斯人的神。他們還崇拜星星、月亮和火焰。我們叫他們「拜火教徒」，他們則自稱「帕西人」（Parsees）。拜火教的主神叫做「馬茲達」，我剛剛說我書桌上的檯燈就是根據馬茲達命名的。根據他們的信仰，只要是光明的東西都是好的，黑暗的東西都是不好的。現在只有少數伊朗人仍然是拜火教徒，多數人則改信伊斯蘭教。

伊朗有些地區環境非常好，種植著大量芬芳美麗的玫瑰、香甜的哈密瓜和桃子；有些地區則是沙漠，環境非常惡劣。世界上大部分河流都是越到下游越寬闊，伊朗的河卻越流越窄，最後甚至會完全乾涸。伊朗有很多高山，山上流下的雪水形成小溪，小溪最後也會乾涸，根本沒有河口。

你猜過字謎嗎？我小時候有這樣的字謎：第一個字謎是由兩個場景構成的，第一個場景是兩個小女孩在屋裡喝茶，第二個場景是一個小男孩跑過這個屋子。你猜得到這是什麼詞嗎？答案就是伊朗的首都「德黑蘭」（Tehran）。因為茶的英語單字是「tea」，跑的單字是「run」，兩者合在一起就構成了德黑蘭的發音「Tehran」。另一個字謎只有一個場景，一個小男孩指指自己，並跑過屋子。你猜到了嗎？答案是「伊朗」（Iran），把我「I」，和跑「run」，合在一起唸，恰好能構成「Iran」的發音。我們前面說過，波斯語中的伊朗就是波斯的意思。

波斯的統治者不叫「國王」，叫做「沙」（Shah）。從前，沙的權力極大，可以要求人民做任何事。只要他高興，就可以沒收人民的所有財產，也可以處死任何他想處死人。後來這種情況改變了，不再有這樣專橫的統治者存在。

德黑蘭擁有全世界最著名的珠寶寶座──「孔雀王座」（Peacock Throne）。這個寶座是用純金打造的，從後背看來，就像一隻有著豔麗羽毛的金色開屏孔雀！寶座上處處鑲嵌著紅寶石、綠寶石和藍寶石，十分美麗。

德黑蘭擁有全世界最著名的珠寶寶座──孔雀王座。

大部分的珠寶，如鑽石、紅寶石和綠寶石等等，都是從地底挖掘出來的，珍珠這種珠寶卻來自水中。把一粒沙子放入牡蠣中，就會慢慢形成珍珠，所以每一顆珍珠裡都有一粒小小的沙子。通常形成一顆豌豆大小的珍珠，需要四、五年的時間。採集牡蠣的工人必須憋著氣跳下水，迅速地採集一整籃牡蠣，直到實在憋不住氣了，才浮出水面呼吸一下，接著又繼續潛下水面。你有在水中憋氣的經驗嗎？你可能只能憋個半分鐘，就覺得無法忍受了吧？但那些採集珍珠的人可以憋一分多鐘哦。還有人誇張地說有些很厲害的採集者可以憋一小時的氣，這只有在童話故事中才會發生。

打撈珍珠的人

他能夠屏住呼吸的時間是你的兩倍。

波斯灣出產的珍珠是全世界最精美的，這裡有很多人從事珍珠相關的行業。有個小男孩寫過一個他自己想像出來，關於採集者的故事：「他們用衣夾夾住鼻子，用石蠟封住耳朵，以防止水進入鼻孔和耳洞中。然後，他們把重重的石頭綁在自己腳上，從小船上跳下去，就開始收集牡蠣了。」小孩子的天真無邪一覽無遺，但這畫面想像起來就很可怕。事實上，每年都有許多人為採集珍珠而喪生，他們不是受傷流血致死，就是溺水而亡，也有人是被一種叫魟魚（ray）的毒魚螫了之後毒發身亡的。多少人付出了生命的代價，每年伊朗才能產出價值數百萬美元的珍珠，供應給世界各國的王室和平民啊！

（編註：但由於天然珍珠越來越少，波斯灣的傳統潛水取珠，已逐漸被珍珠養殖業取代。）

！校長爺爺小叮嚀

1. 知名的《魯拜集》是波斯詩人歐瑪爾．海亞姆所寫的四行詩集。
2. 伊朗舊時的國旗上有一頭獅子與一顆太陽，因此又被稱為「獅子和太陽的土地」。
3. 波斯人以前崇拜太陽、星星、月亮與火焰，因此被稱為「拜火教徒」。
4. 德黑蘭擁有全世界最著名的珠寶寶座——孔雀王座。
5. 假如把一粒沙放進牡蠣中，就會慢慢形成珍珠。

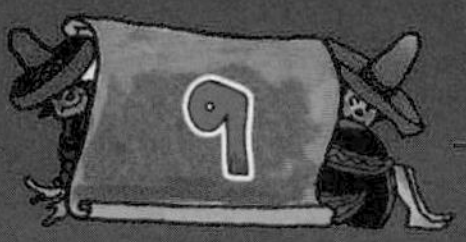

印度（1）

與美國位置相對的國家

印度小檔案

英文名稱：India
總面積：328萬平方公里
人口數：13億人
首都：新德里
最大城市：孟買
貨幣：印度盧比
語言：印地語
主要農產：米、大麥、棉花、茶葉、蔗糖、馬鈴薯

我家附近有一家地下超市，超市上方就是街道，人行道是用厚厚的玻璃做成的。如果你在下面的超市逛街，抬起頭就能看見過往人群的腳。每次到這裡買東西，我就會想，若是整個地球也是玻璃做的，那我們一低頭，不就能看到在地球對面人群的腳步了嗎？**地球上與美國相對的國家，形狀像餡餅，叫做印度。對美國人來說，印度位於環繞地球一圈的中間點**。我們從美國出發，走過半個地球左右的距離，就可以來到印度，再繼續前進的話，又會回到美國。我曾經向西出發，朝著印度出發，而我的一個朋友則是向東出發前往印度。我們從美國同時啟程，最後在印度會面。當我到達印度的加爾各答時，我的朋友已經站在碼頭上迎接我了。在加爾各答，我們買了一種叫做「卡利卡」（calico）

的印花布，這種布料的名稱得名於其原產地卡利刻特（Calicut，為加爾各答的舊名）。

一說起印度人（Indians），大家很可能會聯想到印地安戰斧、彩色的羽毛，想像他們的戰士在戰爭前往臉上、身上塗顏料。但是這些印象都屬於美國印地安人（American Indians），不是印度人。美國印地安人屬於紅種人，是白種人抵達美國之前，居住在這片土地上的人群。時至今日，印地安人的後裔少之又少。（編註：因為印度人跟印地安人的英文都是Indian，所以很容易造成誤解。）

印度人不是紅種人，他們和美國人一樣，是白種人。印度的人口很多，差不多是美國的四倍。當時哥倫布出發航海就是為了尋找印度，當他到了美洲大陸以後，以為那就是印度，就把那裡的人叫做「印地安人」。後來人們才發現那根本不是印度，而是一片全新未知的土地，生活在這片土地上的人根本不是印度人，而是紅皮膚的印地安人。

印度與其北部的亞洲國家，被世界上最高的山脈喜馬拉雅山隔開了。全世界最高的山峰就在這座山脈中，名叫珠穆朗瑪峰（又稱聖母峰）。珠穆朗瑪峰很高大，就算抬頭也看不到山的頂端，一開始人們實在無法猜到它的高度到底有多高。不過後來多虧一位英國工程師成功測量出它的高度，一解大家的疑惑。他是用一種固

來自卡利刻特的卡利卡印花布

定的數學測量方法，測出山峰高度的。珠穆朗瑪峰有八八四八公尺那麼高！山頂終年冰雪覆蓋，從未融化。

很多人曾經嘗試攀登到珠穆朗瑪峰的山頂，不幸的是其中有不少人在登山過程中喪生，很少有人能成功登頂。而且山頂海拔太高，空氣非常稀薄，登山的人必須帶著瓶裝的氧氣才能正常呼吸。如果沒有氧氣瓶的話，每走一步，就要停下來用力呼吸很多次，才能獲得足夠的氧氣，就像小狗氣喘吁吁地呼吸一樣。但還走不了幾步，就又必須停下來休息，才能繼續前進。

一九二二年時，有兩個英國人經過幾星期的努力，爬到離山頂只有幾百公尺的地方，這是以前別人從未到達的高度。本來還有另一個同伴與他們一起登山，後來他停下來了，但一直注視這兩個人往前爬。眼看他們就要順利登頂了，沒想到上方有一大片雪突然崩塌下來，將兩人埋在裡面，永遠出不來了。

當地人認為山頂住著一位女神，她不允許其他人靠近山頂，所以只要有人嘗試登頂，必會遭遇厄運，甚至可能面臨死亡。後來，直到一九五三年時，才有兩個人從珠穆朗瑪峰的東南山脊成功登頂。

喜馬拉雅山脈的另一端是一個高高的山谷，非常漂亮，人稱喀什米爾山谷。有位詩人曾經這樣寫道：「有誰不知道喀什米爾山谷呢，全世界最美麗的玫瑰就在這裡盛開。」那裡有清澈秀麗的湖泊，有白雪皚皚的山峰，還有遍地盛開的嬌豔玫瑰。跟底格里斯河與幼發拉底河之間那塊泥濘之地相比，這裡似乎更像我們想像中的伊甸園。

如果你曾經看過舊版亞洲地圖的話，你會發現印度旁邊有兩個國家，名字都叫巴基斯坦。為什麼兩個地區的部分同屬一個國家呢？其實巴基斯坦是一個國家，只是被印度隔開，分成了兩個部分。第二次世界大戰以前，巴基斯坦其實是印度的一部分，而整個印度都是英國的殖民

☆ 它是世界上最高的山峰。

地。和其他殖民地的人民一樣，印度人也不想被英國人統治。後來，英國將印度歸還給印度人，這讓印度人非常高興，但他們馬上又遇到了麻煩。大部分印度人信奉印度教，但也有不少人信奉伊斯蘭教，這兩個宗教的教徒一直都無法和睦相處。

印度教徒希望獨立後能成為一個完整的大國，但穆斯林不希望和印度教徒同在一個國家。他們知道印度教徒的人數比自己多，成立一個國家的話，遲早會被印度教徒控制，所以穆斯林希望能成立兩個國家，一個歸穆斯林所有，另一個歸印度教徒所有。在解決這個問題的過程中，雙方差點發生戰爭。最後，雙方同意成立兩個國家，一個叫巴基斯坦，歸穆斯林所有，另一個叫印度，歸印度教徒所有。就這樣，新成立的巴基斯坦被中間的印度分成兩部分。

然而這對於巴基斯坦人來說，就像自己的廚房在街道的一頭，臥室在另一頭，這當然會讓兩邊出現差異。而當矛盾變得越來越大，再也無法阻擋時，便在一九七一年爆發了印巴戰爭，東巴基斯坦獨立為另一個國家——孟加拉。

校長爺爺小叮嚀

1. 世界最高峰為「珠穆朗瑪峰」，又稱為「聖母峰」。
2. 珠穆朗瑪峰的山頂終年冰雪覆蓋，從未融化，其高度有八千八百四十八公尺高。
3. 巴基斯坦與孟加拉原為同一個國家，因為中間隔著印度，兩地差異越來越大，於是孟加拉於一九七一年獨立。

印度（2）

王公與大象

印度小檔案

英文名稱：India
總面積：328萬平方公里
人口數：13億人
首都：新德里
最大城市：孟買
貨幣：印度盧比
語言：印地語
主要農產：米、大麥、棉花、茶葉、蔗糖、馬鈴薯

印度和中國一樣，分成不同的省。過去，許多印度的省都有自己的首領，稱為「王公」（rajah）。很多王公對管理省內的事務根本不感興趣，他們只想著該如何搜刮更多財富，和要怎樣盡情享樂。他們都很喜歡鑽石、珍珠，並熱衷於收集各式各樣的珠寶，就像有些人集郵，有些人蒐集大理石一樣。當然，他們的任何一件珠寶就比大理石貴上幾百萬倍哦。我們可能都會認為只有女士才會佩戴珠寶，但在印度，情況卻不同，每當王公出現在臣民面前或參加列隊行進，都會佩戴著華麗的珠寶。他們在衣領上鑲嵌珍珠、紅寶石、藍寶石和綠寶石，有的珠寶就像核桃一樣大。參加列隊行進時，王公會坐在大象身上的寶座，向下俯視。寶座很高，必須用梯子才能爬上去。

一位王公坐在
一頭裝扮華麗
的大象上。

印度有許多野生大象，因為他們認為象是神聖之物，射殺大象是犯法的，捕獵大象時只能活捉，不能射殺。捕捉大象時，必須動員幾百個人，大家在大象出沒的地方圍成一個大圈，眾人擊鼓、吹喇叭嚇唬大象。大象為了避開噪音，就會四處走動，走進設置好的圍欄。一旦大象走進圍欄，人們就把圍欄門關上。被捕捉來的大象是用來替人類做事的，但必須先將牠馴服，並懂得聽從人的指示。

這項工作非常困難，有的野生大象非常危險，可能會把人踩死。不過一旦被馴服後，大象就變得很有用，就像阿拉伯的駱駝、歐洲的馬匹和美國的汽車那樣。大象能像起重機一樣，將木材用鼻子捲起來，再放到火車或船上。

王公也很喜歡獵捕老虎，覺得那是刺激又能得到珍貴物品的活動。老虎住在印度的叢林中，是非常兇猛可怕的動物。當老虎肚子餓了，就會突襲附近的村莊，吃掉農家飼養的動物，甚至人類。王公要去獵捕老虎時，當然會先確保自己的安全。他會和一群朋友一起去，並帶著幾百名僕人。僕人會在大樹上面搭一個平台，他和朋友就待在安全的平台上，然後命令僕人跑進叢林，敲鑼打鼓，把老虎往平台的方向趕。一旦老虎進入自己的射程範圍，王公和他的朋友就從平台上射死老虎。他們會把老虎皮帶回去，用來裝飾宮殿的地板和牆壁。

印度有一百多種宗教，但我們上一章就說過了，大部分的人信奉的是印度教。印度教徒相信，人死後，靈魂會回到世界上，進入動物或新生的人身上。正因如此，印度人大多善待動物。印度教徒還相信，只要活著時多做善事，死後就能馬上重生，生在有錢人家或轉生為高等動物。如果活著時做了很多壞事，重生後就會變成窮人或不好的動物。有時我看著家裡的小狗搖頭擺尾的樣子，就會想：如果按印度教徒的說法，小狗的身體裡會不會就有個王公的靈魂呢？

印度西邊有個大城市叫孟買，這裡看起來和歐洲任何大城市沒什麼差別，城裡的建築也跟倫敦或紐約的建築很相像。

如果從印度向北前進，大約經過兩天的時間，你就會來到一個叫亞格拉的小鎮。鎮上有兩棟相當特別的建築物，和其他建築截然不同。其中一棟建築是一座陵墓，據說這是一位伊斯蘭教王子為四位妻子中最愛的一位所建造的，叫做泰姬瑪哈陵。我去印度的時候也曾去參觀。當時我晚上才到達那裡，看到了月色下的泰姬瑪哈陵。我忙著欣賞它，一個不小心就跌到水池中，我覺得好糗，馬上跑出來，情急之下還扭傷了腳踝。泰姬瑪哈陵真的很美，但在我看來，最漂亮的不是那裡，而是另

我環繞地球半圈專程去看泰姬瑪哈陵。

一棟特別的建築——亞格拉鎮上的珍珠清真寺。我不知道天堂的建築是怎樣的，但我相信，就算是天堂的建築，也很難比珍珠清真寺漂亮。

印度的河流不多，最大的一條河叫做恆河，在印度的東邊。恆河有幾個河口，我前一章提到過的加爾各答就在其中一個河口處。加爾各答屬於印度，但恆河的大部分河口都位於孟加拉。恆河上游有一座叫瓦拉納西的城市，對印度教徒來說非常重要。只有穆斯林才能進去聖城麥加，但無論你是何種宗教信仰，都可以去瓦拉納西參觀。瓦拉納西建在河畔，河岸鋪著長長的石階，一直鋪到河裡。印度各地的印度教徒都會前往瓦拉納西，在恆河中沐浴。他們不是為了洗掉身上的灰塵，而是為了洗掉自己的罪惡。他們會走到水深及腰的地方，用手中的碗舀取恆河中的「聖水」，從頭上淋下來。尤其是當印度教徒覺得自己快要死的時候，就一定要去恆河洗浴。

虔誠的印度教徒都不害怕死亡，事實上，如果生活非常貧苦悲慘的話，他們反而希望自己快點死去，因為一旦洗去身上的罪惡，重生後就能變成更加快樂的人。

印度教徒死後，屍體不會埋入土中，而是放在火堆上焚燒。在瓦拉納西，河岸邊的石階就是焚燒教徒屍體的地方，為此河邊還興起了專門賣木頭的生意。越有錢的人家，焚燒屍體時就會買越多的木頭，但有些人家窮得連焚燒親人屍體的木頭都買不起。

印度瓦拉納西就位於恆河河畔，河岸邊的石階就是焚燒印度教教徒屍體的地方。

儘管印度現在已經沒有王公了，但種姓制度仍然存在，貧富差距也相當大。

印度人口眾多，糧食常常不足。雖然人們每天只需要一點食物就得以生存，但印度每年還是有很多人因為挨餓而死。王公等有錢人餐餐吃得既豐盛又油膩，看上去一個個肥頭大耳，而那些窮人卻餓得瘦成了皮包骨，瘦到你能清楚地看到他們身上的骨頭！

現在已經沒有王公了，不過印度貧富差距依然明顯，他們至今還有種姓階級制度，將人分為幾個等級。制度中低階的人，多處於赤貧的生活境地。印度南面有個小島叫斯里蘭卡（舊稱錫蘭），島上的男人穿著短裙，頭髮上插著梳子。斯里蘭卡附近有全世界最大的珍珠養殖場，昔日的王公所擁有的大部分著名的珍珠都產自那裡。我也有一顆那裡出產的黑珍珠，據說這種黑珍珠能帶來好運，不過我才不會像王公那樣把珍珠戴在身上咧。

印度人是著名的魔術師，我在斯里蘭卡看過幾場魔術表演。有個魔術師把自己的妻子裝在籃子裡，蓋上披肩，用劍從各個方向刺向籃子，觀看表演的人都捏了把冷汗。最後，披肩掀開了，他的妻子毫髮無傷，向大家微笑打招呼。魔術師還把一顆種子放到花盆裡，花盆裡很快就長出了一棵植物。他究竟是怎麼做到的呢？我們只能自己猜測了。

！校長爺爺小叮嚀

1. 印度教徒相信，人死後靈魂會回到世界上，進入動物或新生的人身上。
2. 印度最大的河流叫做「恆河」。
3. 儘管印度已經沒有王公，但至今仍有種姓階級制度，將人分為幾個等級。

11

東南亞

國王與白象

現在，我們從南亞的印度，到達東南亞國家—緬甸與泰國。
這裡的國家都曾受過中華文化的影響，
因此你可以看到許多國家的建築、文化，都有著中華文化的影子。
而宗教上，則是受到了印度佛教的影響。

印度以前有一個王子叫做喬達摩，他就是那種含著金鑰匙出生的人，想要什麼，就能得到什麼，過得無憂無慮。在成長過程中，他受到重重呵護，從來就不知道什麼是貧窮悲慘的生活，還以為世界上每個人都像他那樣富裕快樂。有一天，他走出宮殿，想看看外面是什麼樣子的。他第一次吃驚地發現，原來世界上有那麼多病人、窮人和生活不如意的人。一幕幕場景深深地觸動了他，他決定把自己的東西都捐獻出來，幫助那些真正需要幫助的人。

他從一個地方布施到另一個地方，幫助別人的同時，還一邊告訴人們什麼是對的，什麼是錯的。後來，人們尊稱他為「佛陀」，意為「知道一切的人」，並且開始崇拜他。就這樣，在耶穌誕生前五百年左右（西元前五百年），印度興起了一門新的宗教——佛教。

佛陀去世後，佛教徒派人到其他國家傳教，就像基督教派傳教士到其他國家傳教一樣。很長一段時間之後，有些印度人厭倦了佛教，開始創建其他宗教，其中多數人成為穆斯林。但印度東部的幾個國家仍然信奉佛教，不過現在他們的崇拜儀式變成了拜神。

印度東部的國家中有一個叫做緬甸，另一個叫做泰國。**基督教舉行禮拜活動的場所叫做教堂，伊斯蘭教的叫做清真寺，而佛教的則叫做寺廟**。緬甸首都仰光最恢弘的一座寺廟，叫做「仰光大金寺」（或稱為「瑞德貢大金塔」）。這間寺廟的主建築是一座佛塔，外型看起來很像倒置的冰淇淋甜筒。整座塔用磚砌成，外面鑲著一片片純金箔，在陽光的照射下非常耀眼。

它看上去就像一個倒放的巨大冰淇淋甜筒。

塔基的周圍圍著幾間小屋子，每間裡面都放著一座佛像。塔中放著一個盒子，據說裡面有八根佛陀的頭髮。你猜猜看，塔頂有什麼東西呢？我們前面說過，教堂頂部有十字架，清真寺頂部有新月型的標誌，而這座塔的頂部有一把雨傘，傘上掛著叮噹作響的鈴鐺。

大部分的亞洲人，主要食物是稻米，而仰光地區就是稻米的主要產地之一。

緬甸和泰國人看起來比較像中國人，不太像印度人。緬甸是共和制國家，泰國則是王國。第二次世界大戰之前，泰國叫做暹羅，二戰結束後才改名為泰國。如果有個叫約翰的人突然把名字改成貝克，很多人都會不習慣，仍然喜歡叫他約翰。泰國的情況也一樣，現在還是有人會把泰國叫做暹羅。

泰國的舞姬

暹羅實行君主專制制度，國王可以做任何自己想做的事。我小時候，如果有人老是命令別人做這個做那個，我們就會說他：「你以為你是誰啊？暹羅國王嗎？」但現在的泰國國王必須按照國家法律統治國家，不能像他的祖先那樣隨心所欲了。

佛教徒相信自己死後靈魂會進入動物體內，而尊貴的國王的靈魂會進入最神聖的動物「白象」體內。白象雖然叫白象，但牠的皮膚其實還是有一點點灰色。一旦泰國人發現一群白象，就會把牠們獻給國王，認為白象會為發現者以及整個王國帶來好運。因為皇家的白象一直都無所事事，所以我們後來就把已經沒什麼用卻得留著的東西叫做「白象」。我的一個朋友有一輛又舊又破的汽車，已經不能駕駛了，既賣不掉也沒辦法送人，只能放在車庫中占空間。他就把這輛汽車叫做白象。

除了皇家的白象，普通的灰象有很多用途，可以當作汽車、卡車和拖拉機，可以運人、運貨物、裝木材，還能耕地。騎象人坐在大象背上，用腳輕輕踢大象的身體兩側，指示牠該做什麼事。大象每天都按時工作，知道什麼時候應該開始幹活，什麼時候可以休息。不過有一點很特別，大象每天至少要洗一次澡才肯上工！

我們都知道，一般的木頭都會浮在水面上，但緬甸有一種很沉重的木材——柚木，放到水裡會沉下去。當地人用柚木做家具，能防止白蟻啃食家具。大象常做的一項工作就是搬運柚木木材。我常常想：如果我有一頭大象該多好啊！於是我就買了一頭帶回家放在桌上……當然不是真的大象啦，而是一個青銅做的大象擺設品。

泰國旁邊有一個馬來半島，在地圖上看起來，它就像是一隻伸出來的象鼻子。半島頂端附近的海中有一個小島，叫做新加坡。這裡曾經是一片叢林，裡面有很多毒蛇和兇猛的老虎。小島的主人不知道該拿這個島怎麼辦，沒人想要這麼可怕的島嶼，他那時覺得這座島就是「白象」啊！後來，他終於以非常低的價格，把新加坡小島賣給一個叫萊佛士的英國人，萊佛士還在小島上建立了一個城市。

為什麼英國會買下這個小島呢？那是因為英國人有遠見，知道這裡是東西方之間的另一條水上通道，將來會有很大的發展。他們發現新加坡和附近的島嶼之間有一條狹窄的通道，是唯一適合船隻通行的通道。就像直布羅陀、蘇伊士和亞丁一樣，英國

也想控制這條通道。第二次世界大戰中，日本從陸地上進軍，攻占了新加坡。不過後來日本戰敗，英國又重新掌控了新加坡。（編註：一九六三年，新加坡連同當時的馬來亞聯合邦、砂拉越以及北婆羅洲（現沙巴）共組成立馬來西亞聯邦，自此後便完全脫離英國統治。）

新加坡是船隻停靠的重要港口之一，那裡有一個「萊佛士酒店」，就是根據萊佛士命名的。在那個酒店的大廳裡，你可以看到來自世界各地各種膚色的人。

新加坡幾乎位於地球的赤道上，距離南極和北極都差不多遠。水手們認為，第一次穿過赤道者都必須接受海神波塞頓的洗禮。想當初，我第一次坐船經過赤道時，就接受過一次這樣的洗禮。那時我剛走出甲板，還沒等我反應過來，一個強壯的水手就把我扔進了一個大大的水池。我連忙爬出水池，沒等我喘上幾口氣，他們又把我推進一根長長的

波塞頓遞給我一張證書，並且說：「洗禮完畢，你穿過赤道了。」

管道中，我必須辛苦地從管道中爬出來。等我爬出來，他們用船槳在我背上拍了一下，把我帶到波塞頓面前。扮成波塞頓的那個人坐在寶座上，穿著浴袍，戴著硬紙板做的皇冠，手中拿著一個乾草叉。他遞給我一張證書，就像我大學畢業時那樣，然後告訴我：我已經接受了應有的洗禮，成為穿越赤道的人。

馬來半島附近是東印度群島（也稱為香料群島），哥倫布當時就是想尋找這個地方。蘇門答臘島是東印度群島中的一個島嶼，形狀像一支胖胖的雪茄，當地也的確種植著用來製作雪茄的菸草。爪哇島是東印度群島的另一個島嶼，以產咖啡著稱。我去爪哇島的時候，很期待能在當地喝到正統的美味咖啡，試了很多個地方，終於喝到一杯比較好喝的，但我仔細一看咖啡豆產地，居然是產自巴西！

在爪哇島上，我還看到像老鷹一樣大的蝙蝠，和像手掌一樣大的蝴蝶。那真是個奇妙的地方呀！

！校長爺爺小叮嚀

1. 大約在耶穌誕生前五百年，佛教於印度興起。
2. 大部分的亞洲人，主要食物是稻米，緬甸的仰光地區就是稻米的主要產地之一。
3. 位於馬來半島頂端的新加坡，是聯通東西方之間的重要水上通道。

西伯利亞

讓溫度計凍結的地方

西伯利亞地區涵蓋了俄羅斯與蒙古北部地區，
面積約有1276萬平方公里，也是亞洲最北的地區。
由於西伯利亞地區的緯度高，氣候相當寒冷，
因此居住於此的人相當稀少，擁有廣大的闊葉林與荒野。

大部分的溫度計只會標到「零下四十度」，一旦低於這個溫度，溫度計中的水銀柱就會凍結，無法正常顯示溫度。不過，世界上很少有地方會出現這樣的情況。

你覺得世界上最冷的地方是哪裡呢？你可能會覺得是北極吧？其實不是，世界上最冷的地方在西伯利亞，那裡的溫度真的會低到零下四十度以下。

西伯利亞屬於我們前面說過的「熊之國」俄羅斯，它的北部與瑞典、挪威一樣，整個冬天都看不到太陽，也就是我們所說的極夜（永夜）現象。但西伯利亞不像瑞典和挪威那樣，有溫暖的墨西哥灣流經過，所以氣候更為寒冷，用普通的溫度計根本無法測量氣溫，只能用一種特殊的溫度計來量。那裡最冷的地方曾經達到零下九十度，人類沒有像動物那樣厚厚的皮毛可以保暖，只能從頭到腳都裹上用動物皮毛製成

的衣物，以免被凍死。

西伯利亞有北部、中部和南部地區，並不是所有地區都那麼寒冷，難以居住。北部地區非常寒冷，地面以下幾公尺的地方都是結凍的，任何植物都無法生長。夏季天氣變暖後，當地又會變得非常炎熱，最高氣溫可達攝氏三十度。地表的土壤開始解凍，但深層的土壤仍然冰凍著。這個時候，苔蘚和少數植物才得以生長，但為期也不久。西伯利亞的面積比美國還大，屬於俄羅斯境內，不過那裡居住著來自世界各國的人。

西伯利亞的中部地區不太寒冷，還生長著茂密的森林，森林中有許多野生動物，如狐狸、狼、黑貂和白鼬。獵人會捕殺這些野生動物，用牠們的皮毛做成保暖的衣服。其中，白鼬是一種小型動物，皮毛漂亮厚實，非常保暖。牠全身雪白，只有尾巴的尖端是黑色的，而且牠很愛乾淨，總是讓自己保持清潔。

法官和國王的一些正式的長袍就是用白鼬的毛皮做的，想表現出乾淨和純潔。若要做成一整件斗篷或外套，要用掉很多張白鼬皮。

這種叫做白鼬的小東西跟大多數動物都不一樣——牠討厭髒。

穿著白鼬皮大衣的國王

世界上最長的鐵路就在西伯利亞的南部地區，叫做「西伯利亞大鐵路」，一頭位於太平洋沿岸的海參崴，另一頭位於俄羅斯的莫斯科，坐火車從一頭到另一頭需要花上七天的時間。

西伯利亞大部分的人都住在鐵路沿線，但當你坐火車前進時，很有可能連續幾百公里都看不到任何村莊，甚至連一棟房屋都沒有。村鎮通常離鐵路較遠，從火車站到村鎮必須經過很長的路途。當地的火車原本燒的不是煤，而是木頭，鐵路邊隨處可見成堆的木頭，火車會在固定的地點停下來添加木頭，就像汽車需要加油一樣。不過，二〇〇三年鐵路電氣化工程完成後，這種景象就成為歷史了。

西伯利亞的主要城市都是以「克」結尾的，如：鄂木斯克、托木斯克和伊爾庫次克。

有個外地人剛到西伯利亞，他在街上問一個當地人火車站該怎麼走，那人答道：「你朝前一直走的話，大約走四萬公里會到；轉個身的話，過兩個街區就到了。」

你覺得西伯利亞離美國有多遠呢？大概是幾公里呢？三千公里？一萬公里？都不對。事實上，西伯利亞離美國最近的地方只有八十公里左右，就是北邊從阿拉斯加到西伯利亞的那段路。西伯利亞與阿拉斯加之間隔著一條狹長的海峽，叫白令海峽。

有人說，生活在阿拉斯加的愛斯基摩人與美國的印地安人是很久很久以前從亞洲來的，準確地說，是從中國來的，所以他們的長相有點像中國人。

第一次世界大戰前，俄羅斯叫做俄國，由沙皇統治。只要有人反對沙皇，或被認為反對沙皇，或說了反對沙皇的話，或有反對沙皇的想法，就會被抓起來，送去西伯利亞的煤礦做苦工，被迫遠離自己的家人和朋友。一路上環境非常惡劣，很多人在到西伯利亞之前就死掉了，大部分的人後來也都死在礦場。

第一次世界大戰後，俄國爆發了一場革命，推翻了沙皇的統治，共產黨開始統治俄羅斯。共產黨處死了沙皇、沙皇的家族以及許多有錢人。他們還進行了許多變革，建造了學校，處死了地主，把地主的土地分給貧窮的農民。此外，他們還建立工廠，開設商店，建造鐵路和航空公司，在很多河上築起大壩，用水力發電供應工廠的電力需求。（編註：一九九一年蘇聯解體，俄羅斯宣布獨立，改實施聯邦民主制。）

校長爺爺小叮嚀

1. 全世界最冷的地方在亞洲的西伯利亞地區，溫度甚至會到零下四十度以下。
2. 西伯利亞的面積比美國還要大，屬於俄羅斯的國土。
3. 世界最長的鐵路也在西伯利亞，也就是「西伯利亞大鐵路」，從太平洋沿岸一直延伸到莫斯科。
4. 第一次世界大戰前，俄羅斯由沙皇統治，直到第一次世界大戰後，俄國爆發革命推翻沙皇。

日本（1）

巨大的海蛇怪

日本小檔案

英文名稱：Japen
總面積：37萬平方公里
人口數：12000多萬人
首都：東京
最大城市：東京
貨幣：日幣
語言：日語
主要農產：稻米、蘋果

很久很久以前，人們相信世界上有海蛇怪。他們都說，離中國一千六百公里左右的海裡就有一隻巨大的海蛇怪。海蛇怪的脊背拱起的地方就是一座座小島，海蛇怪沉睡了很久，一個翻身，小島就會不斷晃動。那時的中國人一點都不怕蛇怪，一部分中國人來到了這些島上，在那裡居住。現在我們都知道，那些島嶼其實就是海裡古老的火山，其中大部分都是休眠火山，造成島嶼晃動的原因其實是地震。

島嶼上的人把自己的國家叫做「日本」，意為「太陽升起的土地」。其實世界各地都能看到太陽升起，但那時的日本人以為只有自己才看得到。日本的國旗很簡單，底是白色的，上面有一輪紅色的太陽。

中國人和日本人都屬於黃種人，但日本人和中國人差別很大。日本以前和中國一樣，不讓其他國家的人進入國內，就像掛了「禁止進入」的告示。他們仿照中國的文字、佛教、用筷子吃東西的方法等等，在那些小島上生活。

一百多年前，一個叫培里的美國海軍軍官想前往日本。他裝了滿滿一船美國的物品，作為禮物獻給日本的皇帝。日本的皇帝叫做天皇，日本天皇從來沒見過那麼多新奇的東西，看了之後非常高興，就想買更多這樣的東西，也想了解更多製造這些東西的國家。培里對天皇說：「那麼，就讓美國人來日本吧，我們會在這裡賣美國生產的東西，也會購買日本生產的東西。」天皇原本不同意，後來在軍艦的威脅下屈服了。從此以後，日本對外開放貿易，眼界也開闊了。在此之前，除了中國，日本人對其他國家一點都不了解。他們聽說西方有火車、電報和各種機器，覺得非常神奇，就派大批有才華的年輕人到美國和歐洲各國學習。這些年輕人學成歸國後，把學到的知識和技術傳授給國內的人。我剛才就講過，日本人的學習能力很強，很快就掌握了各種知識和技術的精髓。因此，日本的成長速度非常迅速，只用了一百年的時間，就趕上中國一千年的發展。

當然，日本人學了好東西，也學了不好的東西。他們不但學會如何製造有軌電車、電燈和汽車，還學會製造戰艦、飛機、坦克和槍砲的方法，建立起一支強大、先進的軍隊。後來，日本人向中國出兵，又轟炸珍珠港的美國艦隊，迫使美國加入了第二次世界大戰，搞得全世界人仰馬翻。戰爭以日本戰敗告終，並規定以後日本不能設立軍隊，也不能再製造戰艦、坦克和槍支等軍事武器了。

日本人模仿美國人製造的第一樣東西是大人坐的「嬰兒車」。日本的馬匹很少，價格昂貴，於是一名住在日本的美國水手就為自己的妻子訂做一輛放大版的嬰兒車，雇日本人拉車，帶妻子出門。當時雇傭一個日本人比租一匹馬便宜得多。日本人把這種車叫做「人力車」。他們覺得人力車非常好用，就仿製了幾千輛。二十世紀初時，人力車曾經盛行於日本、中國和一些東方國家。拉人力車的人叫做人力車伕，他們每天都拉著客人四處跑，好像永遠都不會疲倦。如果你站在人力車後方，會看到很有趣的情景：人力車的車篷擋住車伕的上半身，只能看到他的兩條腿，好像是人力車自己長了兩條腿不停往前跑似的。

在日本的城市裡，有些人穿著打扮和我們一樣，但無論男女，很多人都會在重要的節日或場合中穿著日本的傳統服飾「和服」。和服看起來就像你的媽媽或姐姐在家裡穿的睡袍，但更加華麗。

日本有兩個專門為小孩慶祝的重要節日。一個是三月三日的雛人形節（又稱女兒節），這是為女孩慶祝的節日。當天，女孩們會把自己所有的玩偶都拿出來，放得整整齊齊的，開心地玩玩偶。另一個是為男孩慶祝的，在五月五日。節日當天，家裡有男孩的人家就會在房子前面豎起杆子，掛上鯉魚旗（鯉魚形狀的紙風箏）。鯉魚是一種逆流而上的魚，逆流游動比順流游動困難得多，日本人想以這種方式告訴小男孩，未來不管遇到什麼困難，都要像鯉魚一樣不畏艱難，勇往直前，千萬不能退縮。

日本女性的和服。

日本人很喜歡花花草草，每年鮮花盛開的時候，都有專門的

✰ 雛人形節的玩偶（攝影者 Nesnad from 維基百科）。

✰ 隨風飄揚的鯉魚旗（攝影者 Koinobori from 維基百科）。

假期。一個節日在春季，這時櫻花、李花、桃花競相開放。另一個節日在秋季，這時各種各樣的菊花盛開。無論大小，每棟日本的房屋都有一個小小的花園，製造田園風情。花園裡有模擬的湖泊、山脈、河流和小橋，所有東西都做得栩栩如生，就像真的河流和山脈一樣。日本人還會把橡樹、楓樹等培養得非常矮小，從圖畫上看，這些樹木好像有數十公尺高，仿若一百年樹齡的神木，但其實只有三十公分左右。當然有的樹木確實有一百年左右的樹齡。

記得有一次，我正在日本的某家商店裡欣賞各式各樣漂亮雨傘的時候，有個小男孩主動向我走過來，並用英語問我需不需要一天免費的導遊。

「為什麼呢，」我好奇地問他，「你是不是想向我展示一下自己的家鄉？」

「不，我只是想練習一下英語對話。」他答道。我真佩服他的勇氣和精神。

我還參觀了一所日本學校，有十幾個小男孩把他們的聯繫方式留給我，要我回家後寫信給他們，還說他們一定會用英語回信的。

日本的孩子真是求知若渴啊！

校長爺爺小叮嚀

1. 日本學習了西方的技術後，便向中國出兵，並且轟炸美國珍珠港，迫使美國加入第二次世界大戰。
2. 日本有兩個特殊節日，分別是三月三日為女孩慶祝的「雛人形節」與五月五日為男孩慶祝的「兒童節」。

日本（2）

美麗的日本明信片

日本小檔案

英文名稱：Japen
總面積：37萬平方公里
人口數：12000多萬人
首都：東京
最大城市：東京
貨幣：日幣
語言：日語
主要農產：稻米、蘋果

我從日本回國後，就給那些小男孩都寄了明信片。我精心挑選了一些明信片，明信片上的照片都是美國最具代表性的景物：一張是華盛頓的國會大廈，一張是尼加拉瀑布，還有一張是紐約的摩天大樓。每個小男孩都有回信給我，有的在裡面畫了日本最具代表性的景物，有的在信裡夾了一張圖片，圖片上也是日本最具代表性的景物。

有三個小男孩畫了同一個景物，是一座漂亮的山，山頂白雪皚皚。那座山就是富士山，在日本是一座神聖的山。不過其實它不是真正的山脈，而是一座休眠火山，山頂覆蓋著白雪。日本人非常喜歡富士山，很多物品上都畫有富士山，如扇子、盒子、碟子、雨傘、燈籠和屏風等等。就算是影后和漂亮的名人，也沒人能像富士山那樣，有那麼多漂亮

的照片和圖片吧。

還有兩幅圖畫，畫的是小樹林中一座巨大的青銅佛像。這尊佛像

非常巨大，光是大拇指上就可以坐五六個人。眼睛的寬度將近一公尺，是用純金做的，前額上有個很大的球，是用白銀做的。美國人可能只會把它當成普通的佛像，但日本人用佛像紀念知名人物和聖人，就像我們的紀念碑一樣。

除了這兩個景物，還有一些圖畫：

一、東京的街景

東京是日本的首都，是日本最大的城市，也是全世界最大的城市之一。日本以前的首都則是京都。不管是東京，還是京都，或是其他的日本城市，都和我們的城市截然不同。以前那裡沒有摩天大樓，也很少有建築是兩層樓以上的，而且大部分的建築都是用木頭做的。這是為什麼呢？因為日本經常發生地震，幾乎每天都有小小的地震，每隔一段時

佛像是用來提醒他們記住佛陀的智慧和善。

間又會有大地震，所以沒有很多容易被震垮的高樓，也幾乎都用木頭搭建房屋，比較方便。但房子是木頭做的也有缺點，因為油燈和火爐很容易引起火災，一旦引起火災，就會燒毀幾千棟房子。

不過，日本有少數老房子是可以抗震的。這些房子都搭建在地下的水泥平台上，而不是直接建在地面上，這樣，地震發生時它們就不會倒塌。

如今，聰明的日本人發明了強大的抗震技術，就算是摩天大廈都能抵禦芮氏規模七以上的強烈地震。所以，城市中已經蓋有許多超過兩百公尺以上的高樓了。

二、日本的房屋

傳統的日本房屋是用木頭做的，窗戶是用紙糊的，地板上鋪著榻榻米（日式草蓆）。在日本，不是根據地板的大小製作榻榻米，而是根據榻榻米的大小鋪設地板。所有榻榻米的大小都一樣，鋪設地板時，就會說是六張榻榻米大、十張榻榻米大等等。為了保持榻榻米清潔，日本人進屋前都會脫鞋，穿著襪子走進去。他們的襪子像連指手套一樣，一個個腳趾是分開的。

日本的屋裡沒有椅子，所有人都坐在地板上。如果我們席地而坐的時間太長，就會覺得不舒服，日本人卻非常喜歡坐在地上。我曾在火車站看到有個日本人有長凳不坐，偏偏盤腿坐在地上，我不明白是什麼原因。

傳統的日本房屋是用木頭做的，窗戶是用紙糊的，地板上鋪著榻榻米。

有些美國小女孩也喜歡盤腿坐在椅子上，但男孩子從來都不這麼坐，或許小女孩有點像日本人吧。日本桌子的桌腿只有二十幾公分高，吃飯時，每人面前都會放一張這樣的矮桌，桌上放上食物。所有人都膝蓋跪地，坐在地板上吃飯。傳統的日本家庭也沒有床，睡覺時就鋪著被褥，睡在榻榻米上，用硬硬的木頭當枕頭。（編註：除了較為傳統的日本家庭，屋子裡鋪設榻榻米、坐在地板上生活的情況已經變少，日本人目前的生活方式已經跟西方人差不多了。）

日本人有一個習慣很像大象。你猜是哪一種習慣？前面講到泰國時，我們說過大象一天至少要洗一次澡，否則就不願意幹活。日本人也很喜歡洗澡。其實日本人喜歡洗澡一點都不奇怪，奇怪的是，一家人洗澡用的是同一盆水，一個人洗完了換另一個人洗，中間不換水。他們的浴缸很像上面一半鋸掉的大木桶，只能坐著，不能躺下。桶裡的水很熱，能讓身上的毛孔擴張開來。清洗好身體之後，他們就在木桶裡泡一段時間的澡，然後爬出來把自己擦乾。

三、兩個日本人各抓著木棍的一端，合力抬著一個桶子

從畫中我看不到桶子裡放的是什麼東西，但我猜那一定是魚。日本國內牛、羊、豬等牲畜不多，加上日本虔誠的佛教徒是不吃肉的，所以日本人吃肉的比例比其他國家少。但時至今日，世界成為一個地球村了，他們的飲食習慣也有改變，變得與西方人相像了。日本人吃很多魚，可能是全世界吃最多魚的民族，比盛產魚類的挪威還多。那是因為日本是一個島國，四面環海，隨時都可以捕到很多魚。魚販會把魚裝在水桶中，讓魚保持生命，確保魚肉新鮮。

四、種著水稻的水田

在日本，稻米是最主要的食物，茶是最主要的飲料。日本人喝茶不加糖，也不加牛奶，但會在茶室或庭院中喝茶。茶室裡面有藝妓，會為客人奉茶，還會邊彈五弦琴邊跳舞，提供娛樂，讓客人開心。

五、兩個很胖的男人在建築中央面對面蹲伏，周圍有幾千名觀眾

這兩個很胖的男人看起來好像是在摔角。我們前面說過，鬥牛是西班牙的全民運動，美式足球是美國的全民運動，而好像在摔角的那種運動，就是日本的全民運動。

日本有兩種類似於摔角的運動，一種叫相撲，雙方就像下圖一樣，都是一百多公斤重的人。相撲比賽時總會吸引很多人觀看，就像我們看棒球賽或美式足球賽一樣。比賽雙方蹲伏著身子，像兩隻巨大的牛蛙，大部分的時候其實就待在原地不動，尋找機會抓住對方。在美國人看來，這樣的摔角一點動感都沒有，幾乎都在等待，只要一方抓住另一方，比賽就結束了。

另一種類似摔角的運動叫柔道，那是一種技巧性很強的運動，即使是個頭很小的人，只要知道其中的訣竅，就能抓住對方的胳膊、手或腿，把比自己強壯很多的人摔倒在地，然後迅速扭脫其關

節，使對手動彈不得。我在日本學校中看到很多學生練習柔道，兩人一組練習迅速的移動，以及柔道的各種技巧。

相撲和柔道是日本非常傳統的運動。後來，日本還從其他國家學到足球、棒球等各種運動，並也造成風行。棒球在日本非常受歡迎，和美國一樣，日本每場棒球賽都有很多人觀看。

一道日式木門——鳥居

還有一封信上畫的是一道高高的木門，叫做「鳥居」，意為「讓鳥歇腳休息的地方」。日本有很多鳥居，有單獨一個的，也有成排的，通常是作為通往寺廟或神社的門，是很神聖的門。（編註：鳥居主要用來區分神域與人界，代表神域的入口。）

另一張圖畫畫的是大大的石燈籠。日本的寺廟和花園中有很多石燈籠，發出的光線很暗，主要是裝飾用的。日本還有一個燈籠節，這個節日所指的燈籠和我們用的紙燈籠是一樣的。

一座日本石燈籠

還有一張圖畫畫的是三隻木頭雕刻的猴子，這三隻猴子位在一個很大的神社中。其中一隻猴子用手摀住耳朵，另一隻猴子用手遮住嘴巴，還有一隻猴子用手擋在眼前，意思是「非禮勿聽，非禮勿言，非禮勿視」。

最後一封信中，有一張日本天皇的照片。很多以前有皇帝的國家現在都改變了體制，開始由總統領導。日本雖然在很多方面都發生了迅速的轉變，在這點上卻始終沒變。二戰失敗後，日本也得到其他國家的允許，繼續天皇家族的體制。現在這個天皇的家族已經統治日本兩千多年了。以前的日本人把天皇當作神明，認為天皇是神聖的；現在日本人已經不再崇拜天皇了，但仍然非常尊敬他。

日本東宮社三不猴，意指「非禮勿聽，非禮勿言，非禮勿視」（攝影者為 Jakub Ha un from 維基百科）。

校長爺爺小叮嚀

1. 日本最神聖的山——富士山其實是一座休眠火山。
2. 因為榻榻米大小是固定的，因此日本人會根據榻榻米大小鋪設地板。
3. 相撲是日本傳統的全民運動。

15

中國（1）

花的國度

中國小檔案

英文名稱：China
總面積：960萬平方公里
人口數：13億人
首都：北京
最大城市：上海
貨幣：人民幣
語言：中文
主要農產：稻米、茶葉

「茶杯和茶碟，盤子和大淺盤」，我們西方人稱這些物品為「瓷器」（英文為：china），因為最早的瓷器，是由中國（China）製造出來的，但是中國並不叫自己為「China」，而是自稱「華國」。（編註：「華國」的英文為「The Flowery Land」，意為「花的國度」。）

相對於西方來說，中國位在世界的另一邊，而中國有很多事情，也跟西方人不一樣，例如：中國人的姓在名字前面，所以如果有人叫John Smith，在中國的時候，就會變成Smith John；他們閱讀書籍時，是從右邊開始翻，而不是左邊；寫字的時候，他們是從紙張的右邊開始寫；他們寫字是用毛筆，而不是硬筆；他們睡的是硬枕頭，而不是軟的；他們不是只有晚上才穿睡袍，而是整天都穿。（編註：西方人將「長袍」當成了「睡袍」。）

清朝服飾。

我們總說中國過時，他們則認為我們的事物很新奇。我們最新的時裝是出現在幾個月前，但是他們最新一款的時裝，卻是出現在千年以前。中國人說：「千年之前，當你們的祖先還無知地光著身體、住在邊荒、用手抓食物時，我們的祖先已經受過教育、穿著絲綢衣服、住在房子裡、用瓷器餐具吃飯了。」這話聽起來有些無禮，但並沒有錯。

現今，很多事物都起源於中國，我們西方人就「模仿」他們。舉例來說，**瓷器、絲綢、茶、印刷、指南針、火藥都是從中國傳來的，還有一些其他的小東西，如：撲克牌、金魚、鞭炮、油漆也是從中國而來**。但是，中國人的問題出在他們安穩太久、獨自發展太久了，所以他們的做事方式，還跟兩千年甚至更久以前完全一樣，所以白人才能急起直追、迎頭趕上。

然而，中國也在緩慢改變，並接受一些新奇事物如：燈泡、鐵路、自動機器和飛機，也向西方模仿、學習。

中國過去是由皇帝統治，後來才改變成共和制度，由總統帶領。

但是許多中國人投向共產主義，並對民主主義的中國發起戰鬥。歷經多年戰爭之後，共產主義的一方獲勝，中國成了共產國家。

清朝男性的髮辮。

以前的中國男性，都會將頭髮編成一條長到腰部、膝蓋甚至地上的辮子。我們把這種髮型叫做豬尾巴。不過我不知道為什麼會這樣叫，畢竟豬尾巴又短又捲曲，中國人的長辮子卻是又長又直啊。而當中國變成民主國家的時候，許多城市裡的中國人剪掉了他們的長辮子，但住在鄉鎮的人還是繼續留著。

以前有一位中國紳士習慣把指甲留長為十～十二公分的長爪子。他從不剪指甲，而且為了不讓它斷掉，還在上面加了金製指甲套。長指甲是種標誌，代表他是一位高尚的紳士，不需要工作。指甲越長就表示紳士的地位越高貴，因為勞工需要用雙手工作，根本不可能留指甲。

中國人大多信奉佛陀，也有少數人信奉鬼神，且所有人都信奉祖先，所以有部分的人三者都信奉。中國人利用街道轉角來避開鬼神，因為他們認為，鬼都是直線前進的，如果街道上有轉角，鬼前行的時候就會撞到鼻子而受傷，這樣就可以擺脫掉鬼神。

（編註：校長爺爺生活的年代，正值清朝結束，中華人民共和國崛起時，因此作者對中國的許多認知，仍處於西方人對於中國的刻板印象。現今的中國，已經是相當現代化的國家，大城市內也建造了許多摩天大樓與科技化設備。）

今日的中國，已經是非常科技化的城市（圖為北京市鳥巢體育館）。

校長爺爺小叮嚀

1. 瓷器、絲綢、茶、印刷、指南針、火藥都是從中國傳到西方國家。
2. 中國人的姓在名字前面，書寫時也由右到左，與西方國家相反。
3. 中國過去是由皇帝統治，後來才改變成共和制度，但許多人投向共產主義，經過多年戰爭，共產主義獲勝。

16

中國（2）

龍的故鄉

中國小檔案

英文名稱：China
總面積：960萬平方公里
人口數：13億人
首都：北京
最大城市：上海
貨幣：人民幣
語言：中文
主要農產：稻米、茶葉

幾千年來，中國一直處在封閉的狀態下，與世界分隔。中國人叫那些境外之民為野蠻人或外國鬼子，他們認為外國人都是無知又無能的。那時候的中國人覺得白皮膚、淺色頭髮、眼形平直的長相很醜，黃膚黑髮又有丹鳳眼的長相才稱得上美。

幾百年前，中國南方有一個叫做廣東的城市，率先開了門戶，讓外來者進入中國，中國人民也得以見見世面。這座城市在一條河上，這條河叫珠江。通常我們形容一座城市在某某河上，是指它位在河的旁邊；不過在廣東，有將近三百萬的人民真的住在河「上」，那些人是住在船屋裡。那時候甚至有人的一生都在船上度過，出生、成長，直到老死，從沒有登陸過。嬰兒學會游泳甚至比學會走路還早。至於陸地上，

廣州地狹人稠，處處蓋滿了房屋，有許多彎彎曲曲的胡同與巷弄。

由於廣東地狹人稠，處處蓋滿了房屋，以致這座城市幾乎沒有正常的道路，人們只能在彎彎曲曲的小胡同和小巷弄間穿梭。後來白人進入這座城市時，若是沒有雇人引導，很快就會在這迷宮般的小徑中迷路，找不到出口。廣東開放通關後，有許多中國人民離開那裡到美國謀生。

在我很小的時候，很多美國城市裡的中國移民是靠替人洗熨衣物維生；現在，因為家家戶戶都有洗衣機做這些工作，所以中國移民轉為經營供應米食的中式餐館，或開商店賣些中國製的商品。

中國門戶大開後，許多歐美國家進入中國，把那裡當成自己的家一樣占領下來。很多白人紛紛來到中國居住，互相交流，向中國人購買當地的貨品，或賣給他們外國的東西；也有很多傳教士來中國傳教，教導他們基督徒的理念。

其中最多外國人居住的城市是上海，這座城市有時甚至被稱為中國的紐約。後來共產黨接管中國後，他們逼居住在上海的外國人離開那裡。上海市位在揚子江的出海口旁，揚子江就是我們現在說的長江。長江是一條非常長的河流，若是把它拉到美國的領土上，它可以由西邊的太平洋延伸到東邊的大西洋，橫越整個美國。

中國還有另一條大河，在這塊土地的北方，它看起來就像一條在大地上蜿蜒的大蛇。這條河的名字是黃河。每當繪製地圖的人畫到黃河時都會覺得頭痛，因為它常常會有氾濫的情況發生，沖毀河道旁的房屋和田野，改變河流的樣貌，就像一條真的會扭動的蛇一樣。黃河氾濫造成許多死亡和災害，人稱它「中國的憂患」。

黃河之所以叫黃河，是因為它從上游就夾帶了很多泥沙往下游流去，河水的顏色呈現黃色，濃到就算河流出海了，還將海水染成黃色的，綿延好幾哩。在海上行船的人只要靠觀察水色就能知道自己是否靠近黃河出海口了。

黃河之所以叫黃河，是因為它從上游就夾帶了很多泥沙往下游流去，河水的顏色呈現黃色（攝影者為 Leruswing from 維基百科）。

長江和黃河都是由西往東流，兩條大河之間有一條南北向的運河，這是世界上最長的運河。運河的功能就像鐵路，只是載運貨物的工具不是火車，而是河上的舢舨。這些舢舨揚著高高的帆，並在船頭畫上眼睛，讓船能「看路而行」！

舢舨揚著高高的帆，並在船頭畫上眼睛，讓船能「看路而行」。

以前中國有很多窄小而無法通行車輛的小路，好像擔心正常尺寸的道路會占去太多能耕作的土地似的。由於道路狹小，所以那時以人力推動的手推車代替馬車或卡車載運乘客或貨品。手推車有著大大的輪子，乘客就坐在靠近輪子的位置。當然，靠近城市的地方還是有大條的道路，也引進汽車行駛。而一些更偏僻的地方也有使用駱駝載運貨物。（編註：由於校長爺爺所生活的年代，正值清朝結束、中華人民共和國崛起時，因此作者對中國的認知，仍處於西方人對於中國的刻板印象。現今的中國，已經是相當現代化的國家，大城市內也建造了許多摩天大樓與科技化設備。）

校長爺爺小叮嚀

1. 長江是一條非常長的河流，若是把它拉到美國的領土上，它可以由西邊的太平洋延伸到東邊的大西洋，橫越整個美國。
2. 黃河從上游就夾帶很多泥沙往下游流去，河水呈現黃色，就算河流出海了，還將海水染成黃色，因此得名。
3. 長江和黃河都是由西往東流，兩條大河之間有一條南北向的運河，這是世界上最長的運河。
4. 上海是最多外國人居住的中國城市，被稱為「中國的紐約」。

動動腦，想想看！

看了這麼多有趣的亞洲故事，讓我們看看你知不知道這些問題的答案吧！

Q1 世界最高的山峰叫什麼名字？

Q2 世界上最冷的地方在哪裡呢？

Q3 日本最神聖的山是哪一座呢？

Q4 中國最大的兩條河流是哪兩條呢？

檢查看看，你答對了嗎？

A1 珠穆朗瑪峰（又稱聖母峰）。

A2 西伯利亞。

A3 富士山。

A4 長江與黃河。

這些問題你都答對了嗎？

答對了，請繼續跟著校長爺爺一起探索非洲的故事吧！

答錯了別灰心，翻回前面，讓校長爺爺重新告訴你世界的故事！

PART4

非洲

黑暗大陸

非洲又被稱為「黑暗大陸」因為當時的交通與科技並不發達，很多人不了解這片陸地，也不想了解這片土地。然而，這是一塊動物的樂園。許多我們熟知的大型動物，都生活在非洲，像是獅子、老虎、豹、長頸鹿……。

非洲也曾經發展過非常古老的文明——古埃及。覺得這個文明很陌生嗎？其實，我們在許多童話故事、神話寓言中，都可以看見古埃及的文明，像是人面獅身獸、還有神祕的木乃伊……看到這裡，是不是迫不及待地想翻開下一頁了呢！

非洲小檔案

總面積：3000 萬平方公里
人口數：13000 多萬人
主要國家：埃及、摩洛哥、南非

歐洲
Europe
若騎駱駝穿越世界最大的沙漠——撒哈拉沙漠，大約需要兩個月的時間。
非洲 Africa
大西洋
Atlantic Ocean
南非的行政首都是普勒托利亞，立法首都則是開普敦。

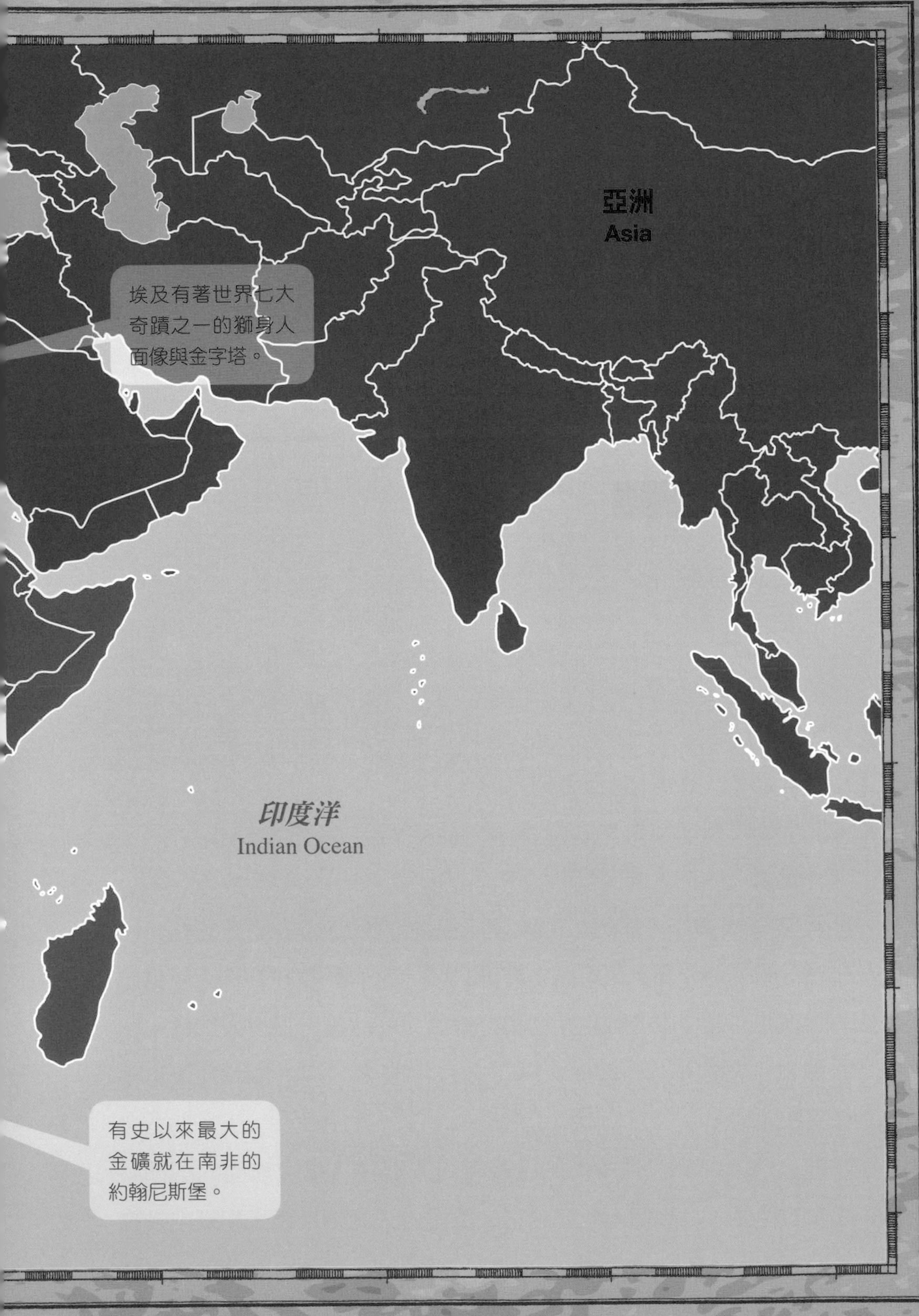

亞洲
Asia
埃及有著世界七大奇蹟之一的獅身人面像與金字塔。
印度洋
Indian Ocean
有史以來最大的金礦就在南非的約翰尼斯堡。

埃及

人造山

埃及小檔案

英文名稱：Egypt
總面積：100 萬平方公里
人口數：9300 多萬人
首都：開羅
最大城市：開羅
貨幣：埃及鎊
語言：阿拉伯語
主要農產：小麥、大麥、豆類、洋蔥、苜蓿

我們都知道，地球上共有七個大洲。亞洲是最大的大陸。

非洲是第二大的大陸。

非洲常常被當作「擋道」的大陸，擋住了西方人去亞洲的路。所有人都想行船繞過非洲，不想踏上非洲大陸。常有船隻在非洲大陸沿岸翻船，所以非洲叢林中的野生動物和野蠻黑人的故事，很少人知道。

非洲也常常被稱作「黑暗大陸」，沒什麼人了解這片陸地，也不想了解這片陸地。

非洲大陸北部靠近地中海的邊緣有白人居住。那塊地區的南部有一片巨大的沙漠，沒幾個人敢穿越它。沙漠再往南則是黑人和野生動物生活的地方。

非洲東北，靠近亞洲和紅海的地方，有一個生活著白人的國家。在長達幾千年的時間裡，這裡一直由權力強大的國王統治。我說的這個國家就是埃及。（註 8）

你看過一百歲的人嗎？我看過五千歲的人哦！它是真的人，已經死了，但屍體被風乾，保存完整的軀體。這個千年人乾曾是埃及一位強大的國王，他不希望自己死後化作塵土，因為一旦化作塵土，就不能在世界末日時重生。

沒有人知道死後會發生什麼事，只能憑著自己的想像和信仰做決定。於是他下令，在自己死後，必須用藥水浸泡他的屍體，再用布裹起來，上面壓一座巨大的石山，這樣就不會有人接觸他的屍體，也不能任

曾經的埃及國王如今被陳列在博物館裡，管理員拖地時就把他移開。

註8：古埃及人是白人還是黑人，目前仍有爭議。從現存的古埃及壁畫中可以看出，古埃及人的膚色及外貌其實很多樣，一個比較合理的解釋是：古代埃及是一個多種族的混居地。

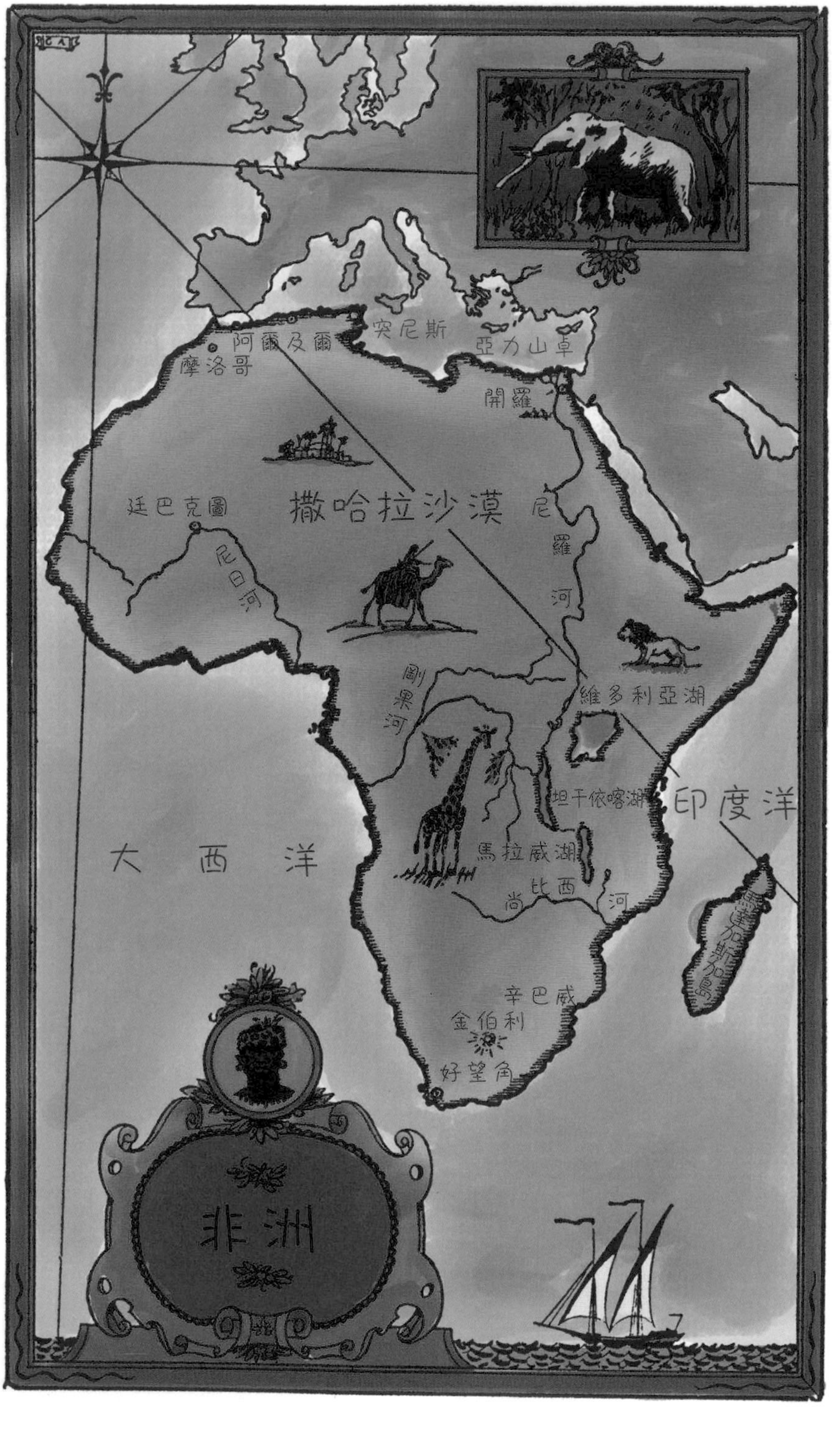
突尼斯
亞力山卓
阿爾及爾
摩洛哥
開羅
廷巴克圖
撒哈拉沙漠
尼羅河
尼日河
剛果河
維多利亞湖
坦干依喀湖
印度洋
大西洋
馬拉威湖
尚比西河
馬達加斯加島
辛巴威
金伯利
好望角
非洲

意挪動屍體。他生前就下令建造一座石山，為死後的計畫做準備。

那位萬民臣服的國王現在已經變成了木乃伊，陳列在一座博物館中。博物館的管理員會經常替木乃伊撣撣灰塵，掃地時就把木乃伊搬開。它的確沒有化為塵土，還得到悉心照料了呢！許多埃及國王的屍體都製成木乃伊，而且目前多半放在博物館中。

壓在屍體上的石山叫做金字塔，這也是「世界七大奇蹟」之一。以前埃及的國王生前就會把金字塔建好，以便死後作為陵墓。每位國王都希望自己的金字塔比之前的國王更大更好，常常動用大量人力、耗費許多金錢去搭建。最大的金字塔是由一位叫胡夫的國王建造的，他在耶穌誕生前三千年就去世了。據說胡夫下令一萬人建造金字塔，並花了十年才建好。

一開始，金字塔的外表是用石頭砌成的光滑斜牆，後來當地人從金字塔上取下石頭，用來建造其他建築，所以現在金字塔的外表已經變得坑坑窪窪。你可以踩著石頭爬到塔頂，就像走登山小徑一樣。胡夫金字塔和其他金字塔都是用石頭建成的，中央有一個小小的空間，用來存放國王的屍體和他生前使用的東西。古代的埃及人相信，人去世後是進入了長長的睡眠，世界末日來臨之際，人就會醒來獲得重生。所以他們下葬時旁邊都會有家具以及生前使用過的東西，等重生的時候就可以繼續使用了。

胡夫下葬後，把通往裡面的通道都用石頭封起來，防止別人進去偷走他的屍體。封口做得很好，一點都看不出痕跡。沒想到，後來還是有人找到入口，跑進去偷走他的屍體和其他東西。如果胡夫真的重生，他的靈魂可就找不到身體了。

古代的埃及人崇拜神話中的諸神和動物，公牛和甲蟲就被他們當作神聖的動物，還製作了公牛和甲蟲的木乃伊。現在埃及有百分之九十的人是穆斯林，他們不再建造金字塔，而是建造漂亮的清真寺。

金字塔附近有一座獅身人面像，也是知名的景點。那是一座巨大的石頭雕像，身體是獅子的軀幹，頭部則是埃及以前的一位國王，也是埃及人的太陽神。古希臘神話中也有一個長著翅膀的獅身女怪，牠的身體是獅子，但長著一個女人的頭。女怪會坐在路邊，讓路過的人猜謎：「什麼東西早上四條腿，中午兩條腿，晚上三條腿？」路過的人如果答不出來，怪獸就會一口把他吃了。最後終於有一個人答對了：「是人。人小時候就相當於一生的早上，是手腳並用爬行的，所以是四條腿；長大後就相當於一生的中午，是用兩條腿走路的；老了後就相當於一生的晚上，除了兩條腿，還多了一根拐杖，所以是三條腿。」希臘的獅身怪物是女的，埃及的獅身人面卻是男的，他不會讓人猜謎，只是靜靜的伏在那裡。

獅身人面像和金字塔都在尼羅河邊，尼羅河也是埃及唯一一條較大的河流。你有沒有聽過「鱷魚的眼淚」這個說法？鱷魚是生活在尼羅河中的一種大型動物。古埃及人說，鱷魚會抓埃及的小男孩來吃，吃的時候還會流下眼淚，好像很心痛似的。後來，如果有人虛情假意地哭泣，人們就會說他在流「鱷魚的眼淚」。

尼羅河分成幾條支流，最後匯入地中海。支流之間的土地叫做「三角洲」，因形狀像三角形而得名。以前的人常常會按照形狀相似的東西替新東西取名，還滿方便易懂的，不是嗎！

埃及北部幾乎一整年都不會下雨，南部到了夏季則會有充沛的雨水降下。雨水過多時，尼羅河就會氾濫，洪水會沖垮河岸，沖毀農田和村莊，並留下大量的泥土。這些泥土非常肥沃，所以洪水退去後，埃及人就在土地上種植小麥和優質的棉花。

以前，尼羅河每年都會氾濫，那時的水多到人人都需要逃跑，但

埃及的獅身人面像以及金字塔

它們是「世界七大奇蹟」之一。

其他時候河水卻很淺，居民必須走下河岸才能取水。後來，埃及人在尼羅河上游一個叫做亞斯文的地方建造一座巨大的水壩，有儲水的作用，形成一個大湖。現在尼羅河下游不會再受洪水之苦了。一旦下游需要用水，水壩的閘門就會打開，把湖中的水放出來。建造亞斯文大壩時，無法將那裡原有的一座很漂亮的古老神廟搬走，所以現在神廟全都被淹在水下了。

你有朋友名叫亞歷克嗎？下面我要講的這個人也叫亞歷克，他生活在兩千多年前，是希臘一位偉大的國王，全名叫亞歷山大。亞歷山大大帝在尼羅河的入海口建造一座城市，並根據自己的名字，將城市取名為亞力山卓。這座城市至今仍然存在，是埃及主要的海港。

從亞力山卓沿著河流往北走，會到達一個叫做開羅的城市。開羅是埃及最大的城市，也是非洲最大的城市。當你坐飛機飛過開羅時，往下看的話，就能馬上知道大部分的埃及人不是基督徒，而是穆斯林了。因為經過基督教城市上空時，你會看到教堂的尖頂，而經過開羅時，你則會看到形似碟子的圓頂和形似蠟燭的宣禮塔。全世界有好多最漂亮的清真寺都在埃及。

埃及人大多改信伊斯蘭教，因此埃及首都開羅建造了許多宣禮塔。

校長爺爺小叮嚀

1. 埃及的金字塔也是「世界七大奇蹟」之一。
2. 古埃及人崇拜諸神與動物，然而現在有百分之九十的埃及人信奉伊斯蘭教。
3. 尼羅河是埃及最大的河流，以前遇到雨季時，尼羅河就會氾濫，而現在有亞斯文大壩，尼羅河已經不再氾濫。
4. 尼羅河最終分成幾道支流流入地中海，因為形狀像三角形，因此支流間的土地叫做「三角洲」。

摩洛哥

強盜的土地和荒蕪的沙漠

摩洛哥小檔案

英文名稱：Morocco
總面積：44 萬平方公里
人口數：3200 多萬人
首都：拉巴特
最大城市：卡薩布蘭卡
貨幣：摩洛哥迪拉姆
語言：柏柏爾語、阿拉伯語、法語
主要礦產：磷酸礦

從直布羅陀渡過海峽，會到達非洲的另一個國家——摩洛哥，這裡居住著摩爾人。兩地雖然相距不遠，但在很多方面的差異有如天壤之別。幾乎所有直布羅陀的人都是基督徒，穿著打扮都和一般西方人沒兩樣，也是用英文對話。有一天我吃完早飯後，就從直布羅陀坐上小船出發，不到中午就到達海峽對面的摩洛哥了。摩洛哥幾乎所有的人都是穆斯林，穿的衣服像床單一樣，說的都是阿拉伯文。在那裡，我彷彿置身於馬戲團中，觀看異國風情的餘興表演。

我的朋友在出發前告訴我說碼頭上會有一個叫穆罕默德的導遊在那裡等我。當船靠近碼頭時，我看到碼頭上站滿了身穿白色長袍的摩爾人，很難分辨他們誰是導遊。上岸後，我就大喊：「穆罕默德！這裡有

伊斯蘭教穆斯林穿的衣服就像床單。

沒有叫穆罕默德的導遊？」

我剛說完，就看到碼頭上幾乎所有人都向我靠近，此起彼落地揮著手說：「我就是穆罕默德。」我朋友忘了告訴我，穆斯林都很喜歡為自己的孩子以先知穆罕默德的名字取名。在摩洛哥，「穆罕默德」這個名字就像紐約的「約翰」一樣，非常普遍。

在我看來，所有摩爾人看起來都很像海盜和強盜，我不敢隨便找人當導遊，所以自己一個人走在狹窄的街道上，還時不時地被旁邊的人推擠。那裡的人看起來都髒髒的，而且一點都不友善。有時我還會看到路邊有痲瘋病患者，一看到那些人我就趕快走得遠遠的。

經過這些，實在很難讓我相信眼前的這些摩爾人，與曾經統治過西班牙的摩爾人是同一種人。摩爾人曾經在哥倫布時代前統治過西班牙，還在西班牙的格拉納達建造宏偉的阿爾漢布拉宮。（編註：作者前去摩洛哥旅遊大約是二十世紀初的事情，與現況有所差異。）

我原本打算去摩洛哥一個叫非茲的城市。當地沒有鐵路，我只能去美國駐摩洛哥的領事館，請人幫我雇導遊、僕人和驢子。領事是一個國家派往其他國家的官員，協助自己國家的人在外國處理各種事務。

「你不能去非茲，」他說，「美國不允許自己的公民去非茲。那裡有強盜，只要有美國人去那邊，就會被強盜抓起來。」

「那我不帶錢總可以了吧？」我問道。

「不行，那些強盜並不是要你的錢，」他說，「他們就是要你的人。一旦你被綁架後，他們就會寄信到美國，警告美國政府，如果不拿錢來贖人的話，就會把人殺死。美國政府有責任提醒自己的國民，你不能去那裡。」聽起來真可怕啊！所以後來我就沒有去非茲了。我對非茲唯一的了解就是那裡有一種紅色的帽子，看起來就像一個倒置的花盆，土耳其人以前就戴這種帽子。

你聽過一首叫《甜蜜的家庭》（Home, Sweet Home）的歌嗎？這首歌是由一位思念故鄉的美國領事約翰·霍華德·佩恩（John Howard Payne）寫的。他曾經在突尼斯當領事，那裡以前也是海盜出沒的國家。去了摩洛哥之後，

一個阿拉伯強盜

我完全明白他為什麼會寫出這樣的歌來了。

每個大陸都有沙漠，有的大，有的小。全世界最大的撒哈拉沙漠就在非洲，位於摩洛哥南邊。

撒哈拉沙漠的面積比整個美國還要大，從非洲大陸的西側延伸到東側。沙漠中有的地方有岩石，有的地方只有乾燥的沙土，而大部分地區都無法讓植物生長，讓生命存活。只有少數的綠洲有一點水，那裡長著椰棗樹，並有人類居住。有些綠洲面積比較大，長寬都可以達到幾十公里。那裡的人騎著駱駝在綠洲之間行走，但沙漠裡沒有道路，也沒有指示牌，他們必須借助指南針和星星判斷方向，就像在海上航行一樣。沙漠和海洋，都隨時會有很大的變化，一陣強勁的風吹過，沙漠的地形就會和剛剛看到的不同，又一陣風刮過，原來是沙丘的地方可能會變成沙谷，原來是沙谷的地方可能變成沙丘。

沙漠中的風暴非常可怕，大風會持續很長一段時間，困在沙漠風暴中的旅客很有可能被沙子活埋。多年以後，這些被活埋的人都變成了白骨，當一陣大風吹過，帶走沙子，白骨就會露出來。路過的人看了都會害怕，擔心自己也可能遇上這種危險。

校長爺爺小叮嚀

1. 摩洛哥人幾乎都是穆斯林，使用的語言是阿拉伯文。
2. 世界最大的沙漠就在非洲，位於摩洛哥南邊，也就是「撒哈拉沙漠」。
3. 沙漠裡沒有道路，也沒有指示牌，就像在海中航行，需要藉助指南針與星星判斷方向。

中非（1）

黑人的土地

如果你想跨越全世界最大的沙漠——撒哈拉沙漠，
可以騎駱駝或是坐飛機。騎駱駝從沙漠北邊到南邊的話，
大概需要兩個月左右的時間。中非地區主要的居民都是黑人，
然而當美國人與歐洲人到達這個地方時，
這些黑人卻被帶到各地當奴隸，美國黑人的祖先，
就是那些被賣到美國當奴隸的非洲黑人。

如果你要從撒哈拉沙漠北端到南端，可以騎駱駝或坐飛機。騎駱駝的話，大概需要兩個月左右的時間。沿途沒有鐵路，不過有一條全長四千五百公里的高速公路，跨越了阿爾及利亞、尼日、奈及利亞三個國家。

沙漠南部邊緣有一個地方叫做廷巴克圖。在美國，如果有人要形容一段距離非常遙遠的話，就會說「就像從卡拉馬祖到廷巴克圖一樣」。卡拉馬祖在美國的密西根州，廷巴克圖在非洲。如果旅行隊伍要穿過撒哈拉沙漠到地中海沿岸的國家，都會從廷巴克圖出發，來自地中海沿岸國家的旅行隊伍也會把這裡當作終點站。

撒哈拉沙漠很少下雨，但位於撒哈拉沙漠南方的蘇丹，雨水則非常充沛。「蘇丹」一詞源於阿拉伯文，意為「黑人的土地」。原本是中世紀阿拉伯地理學家對撒哈拉沙漠以南大片草原的稱謂，現在則專指撒哈拉沙漠東端的蘇丹共和國。

小時候，我們常常說上帝在白天創造了白人，晚上創造了黑人。也有人說黑人是白人曬黑之後變的，那些人居住的地方太熱了，曬黑之後就白不回來了。

撒哈拉沙漠南方有一條很大的河流，叫做尼日河。尼日河最後流入幾內亞灣，流經的土地都非常肥沃。幾內亞灣沿岸有許多小國家，除了賴比瑞亞之外，這些國家原本都是歐洲各國的殖民地，二戰之後才紛紛獨立。

賴比瑞亞是非洲最早獨立的現代國家。它很像微型的美國，事實上，這個國家就是仿照美國建立的。不同的是，賴比瑞亞人都是黑人。接下來，我就會告訴你賴比瑞亞是怎樣仿照美國的。

一望無際的撒哈拉沙漠。

美國剛剛成立時，白人希望有人能替自己做農活以及其他工作。海盜心想這是一個發財的好機會，就從非洲沿岸抓了很多黑人，把他們帶到美國，賣給白人當奴隸。前面我們說過，以前地中海上的海盜也會搶劫過往船隻，抓船上的白人船員當自己的奴隸，對吧？現在他們則是抓黑人去賣了。今天大部分美國黑人的祖先，就是那些被賣到美國當奴隸的非洲黑人。後來，很多人都認為，這些黑人的祖先非常可憐，被迫到美國當奴隸，應該讓他們回到自己的家鄉。直到門羅當上美國總統，實行了一系列政策，恢復了部分黑人的自由，用船把他們送回去。

俗話說得好，「金窩、銀窩，都不如自己的狗窩」，對於黑人來說，家鄉可能就是野生叢林中的茅草屋，但他們還是希望能回到故土。這些人回去後，就建立了一個小小的國家賴比瑞亞，意為「自由的土地」，國家首都也根據門羅總統的名字取名為「蒙羅維」，還按照美國

一些大城市的名字，為自己國家的村莊取名字。

賴比瑞亞有一個村莊叫做紐約，還有一個村莊叫做費城，兩個村莊都只有幾百個人而已。那些黑人並沒有忘記自己曾經當過奴隸的地方，所以就模仿了那個地方的一些東西。

再往南走就是赤道了。我們前面也說過，赤道就是地球上離南北兩極一樣遠的地方。非洲第二長的河流剛果河，就流經赤道。這塊地方非常炎熱，每個月都會下雨，植物生長迅速，野草長得和屋子一樣高，藤條、樹木以及其他植物都非常繁茂，形成了大片叢林，難以通行。這裡很像地球上另一片赤道附近的地區：南美洲的熱帶雨林。

一百年前，人們對那片土地還不是很了解。那裡非常危險，自然環境也不適合白人生活。生活在當地溼地和叢林的話，很容易發燒。那裡還有一種小小的蠅類叫做「采采蠅」，人被咬後就會嗜睡，一旦睡著就再也醒不過來了。

蘇格蘭探險家、傳教士大衛·李文斯頓。

即使逃過了這些東西，那裡還有很多兇猛的野生動物，隨時可能讓人喪命。而且以前那裡住著很多食人族，會殺死闖入那邊的白人，還會吃人肉。

後來，蘇格蘭有個小男孩叫大衛·李文斯頓。他小時候和你我沒什麼兩樣，但他十歲時，因為家裡的關係，不能再繼續讀書，而是去一家紡織廠工作。他每天都從早上六點一直做到晚上八點，一天要工作十四個小時。他才十歲耶！他白天就這樣辛苦地工作，晚上回家後也不能休息。

吃完晚飯後，他就拿出書認真地學習，直到趴在書本上睡著。李文斯頓一直有個心願，希望自己能為世界做出貢獻，幫助那些身患疾病和生活悲慘的人，所以就算很辛苦，他也一直努力學習。幾年後，他真的成為一名醫生，並身兼牧師職務。當時他覺得中國人是最需要幫助的，而且也覺得他們需要基督教真理的救贖，於是他打算前往中國。但後來，他並沒有被派到中國，而是被派去非洲。

當時，很多人都說他這一去，一定會死在那裡的，不是被致命的采采蠅咬死，就是喝那裡的水感染疾病發燒而死，或是被兇猛的野生動物吃掉。「如果真會死的話，」他說，「怎麼死都沒區別。我總有一天會死的，但是我想在死之前做一些好事。」於是李文斯頓義無反顧地前往非洲。

就這樣，過了三十年。有時李文斯頓會回蘇格蘭待一段時間，陪陪家人，然後再回到非洲。後來好長一段時間都沒有聽到他的消息，很多人都認為他死了，但有些人認為他仍然活著，於是就派了一名叫做史坦利的記者去非洲找他。史坦利來到非洲西海岸，那裡的黑人聽不懂英語，他費了一番工夫，比手畫腳地問黑人知不知道這裡有一個白人，但大部分的黑人都搖搖頭。三十年的時間實在太長了，見過李文斯頓的人大部分都已經去世了。最後，有人用簡單的英語告訴史坦利說，他們曾經聽自己的爸爸說過有這麼一個白人，要找他就要往東邊去。於是，史坦利一直往東走。過了很長一段時間，他來到一個長形的湖泊，那個湖的名字也很長，叫做「坦干依喀湖」。

他來到湖邊時，有個年老的白人走向他。史坦利對老人說：「我

他們還以為李文斯頓早就死了呢！

想……您應該是李文斯頓醫生吧？」這就像在火車站接人，如果對方特徵明顯的話，一眼就能看出來。在非洲，這麼年長的白人，也只有李文斯頓醫生了。沒錯，這個人正是李文斯頓，史坦利很高興他還活著，便想說服他和自己一起回去。

李文斯頓笑了笑，說：「不，我的工作就在這裡。我要幫助這裡的黑人，讓他們相信上帝，並幫他們治療身體上的病痛。等我死後，再把我的屍體葬在英國吧。」由於醫生心意堅定，史坦利只能自己一個人回去了。

兩年後，李文斯頓去世了，死的時候身邊只有幾個黑人陪伴著。當時他正跪在地上祈禱，一直都沒有起來，後來李文斯頓的僕人才發現他已經死了。當地所有黑人都非常愛戴李文斯頓，知道他希望死後能葬在英國。於是他們對李文斯頓的遺體做了一些防腐處理，用擔架抬著，花了兩個月時間，走了幾百里的路，終於走到海岸邊。他們在那裡也費了好大的勁，用手勢請求一艘路過的船，把李文斯頓的遺體載回英國。後來李文斯頓的遺體便安葬在西敏寺教堂裡，和許多著名的大人物一起安息。

李文斯頓深受黑人的愛戴，只要是他說的，黑人都會照做。他的名字似乎具有一種魔力。他使很多黑人信奉了基督教，也說服了很多黑人不再吃人。

曾經有一位阿拉伯首領，不把黑人當作人看，而把他們當野生動物，用鐵鏈鎖起來，賣到其他國家當奴隸。李文斯頓經過幾年的努力，終於結束這種狀況，不再讓黑人受到這種對待。這只是李文斯頓所做的貢獻之一。

李文斯頓所做的另一個貢獻，就是描繪了非洲一部分地區的地圖。那是以前無人知曉的地區，這番貢獻著實重要。他還發現了全世界最大的瀑布，那個瀑布的高度和寬度都是尼加拉瀑布的兩倍，發出的水聲在幾十公里外就能聽到。

當時他從很遠的地方，就聽到有嘩啦嘩啦的水聲傳來，就問當地的黑人那是什麼聲音，才知道有這麼一座壯觀的瀑布。那些黑人把瀑布叫做「會發聲的水霧」，後來李文斯頓則把它叫做「維多利亞瀑布」，因為當時英國的執政者正是維多利亞女王。

維多利亞瀑布位於尚比西河的中游，而從瀑布往北走很長一段路，就會看到一座維多利亞湖，那正是尼羅河的源頭。耶穌誕生前三、四千年，埃及人就知道尼羅河了，但沒有人知道它的源頭在哪裡。他們都認為尼羅河的源頭在天堂。

維多利亞瀑布位於尚比西河中游，也是尼羅河的源頭。

校長爺爺小叮嚀

1. 「蘇丹」一詞源自於阿拉伯文，意思是「黑人的土地」。
2. 赤道就是地球上離南北兩極一樣遠的地方。
3. 維多利亞瀑布是全世界最大的瀑布，其高度和寬度都是尼加拉瀑布的兩倍。

中非（2）

動物的樂園

你去過動物園或是馬戲團嗎？
你看過獅子、老虎、大象與鬣狗嗎？
你看過的這些動物，大多都被人豢養，或是被關在籠子裡，
但是，在中非，這些野生動物卻是自由自在的生活在大自然中。

你有沒有去過動物園或馬戲團呢？如果你住在野生動物園中，動物就自在地在你周圍生活，會是什麼情況呢？非洲赤道兩側的地方就像是這樣的動物園。

獅子是大型的貓科動物，也是「野貓」中最兇猛的，就算是關在動物園的籠子裡，牠的叫聲都會讓人毛骨悚然。幾乎所有動物都很怕獅子，獅子卻不害怕任何動物。很多野生動物都要時刻警惕，防止被天敵吃掉，獅子卻可以隨時呼呼大睡，一點都不需要擔心天敵來襲。

小時候，爸爸曾經告訴我，要想活捉鳥的話，就要在鳥尾巴上撒點鹽。後來我才知道他是開玩笑的，其實這樣做一點幫助都沒有。要用這種方法抓獅子就更不行了。如果獵人想活捉獅子賣到動物園或馬戲團的話，就必須動腦筋。獵人會在地上挖一個很大的洞，在上面覆蓋樹枝和嫩葉，做成一個陷阱。獅子不小心掉進陷阱後，再用一張結實的網罩住牠，就可以成功活捉牠了。如果獵人想獵殺獅子的話，則必須躲在水塘邊，等著獅子來喝水，也可以獵殺一些其他動物，放在獅子來喝水的路上作為誘餌，就像你釣魚的時候會用蟲做誘餌一樣。

常被用作誘餌的動物之一是斑馬，那是一種非常溫順的動物，不會對人有任何傷害。牠們長得很像身上帶有黑白條紋的小馬，而這些條紋看起來就像高高的草叢落在牠們身上的陰影，所以牠們不容易被天敵發現。一旦在路上扔了誘餌，其他肉食動物也會被吸引過來，這個時候獵人必須把這些動物嚇跑，以免誘餌在獅子出現前就被吃光。其中一種最可能會來的動物是鬣狗，鬣狗的叫聲很奇怪，聽起來像笑聲，但牠們只有生氣時才會發出叫聲，所以牠們可不是在笑。鬣狗是整個叢林裡最膽小的動物，根本就不敢捕捉活的動物，所以到處尋找死屍當食物。

在野生叢林裡，動物們天天上演弱肉強食的血腥戲碼，來不及逃跑的動物會被活活咬死，但咬死牠的動物又有可能被別的動物咬死。那裡可沒有警察伯伯會管理秩序哦。

叢林裡最勇敢的動物是什麼呢？不是獅子，而是猴子。

只要獅子發出吼叫聲，叢林裡的其他動物都會撒腿就跑，但猴子往往是最後才逃跑的。躲著等待獅子的獵人，只要看看不同動物的反應就知道獅子是不是靠近了。看到鬣狗逃過去，就知道獅子還在距此很遠的地方，因為膽小的鬣狗一聽到獅吼，總是第一個逃跑的。接著他會看到其他動物一個接一個跑走，最後才看到猴子。一看到猴子經過，獵人就知道獅子就在附近了。

獵人不會獵殺猴子，準確地說，是不忍心獵殺猴子。猴子很像人類的小孩，連受傷時都會像小孩一樣哇哇哭，有子彈射入後，還會像人一樣用手把子彈摳出來。看到這樣的情景，獵人都不忍心再獵殺猴子。

有些動物不吃肉，只吃植物，長頸鹿就是其中一種。**長頸鹿有長長的脖子和長長的腿，只吃脖子搆得到的樹葉和嫩枝。當牠要喝水，或想吃地面上的草時，必須展開四條腿，將身子俯得低低的，就像一個大寫的字母 A，然後才能低頭喝水。**

幾乎所有動物都會發出聲音，那可能是動物自己的語言。有的發出汪汪聲，有的發出哞哞聲，有的發出咯咯聲，有的發出咩咩聲，有的發出喵喵聲，有的發出嘎嘎聲，有的發出呱呱聲，有的發出嘶嘶聲，有的發出哼哼聲，有的發出啁啾聲；有的會咆哮，有的會咕噥，有的會尖叫，有的會大吼，有的小聲啼叫，有的發出哀嚎，有的叫聲像大笑……

長頸鹿會吃脖子搆得到的樹葉和嫩枝。

地
中
海
大西洋
北部
大西洋南部
印度洋
非洲

各式各樣的叫聲，應有盡有。而長頸鹿是整個叢林中唯一不會發出聲音的動物。（編註：長頸鹿並非啞巴，只是很少發出聲音。）

在叢林的河中，你會看到河馬這種動物。雖然牠叫「河馬」，但牠看起來像隻巨大的肥豬。除了外型，河馬的行為也像豬一樣，喜歡在溼泥中打滾。河馬休息時，如果只有背部露出水面的話，看起來很像一塊巨大的岩石，也像一艘只露出一部分的潛艇。

還有一種又大又笨拙的動物叫犀牛。如果舉行一場「選醜比賽」的話，犀牛應該會拿冠軍吧。犀牛的腿短短的，鼻子上有一個或兩個角。牠的皮很厚，連子彈都打不進去。打獵時，獵人只能想辦法射擊牠皮膚比較薄的地方——肚子，但犀牛腿那麼短，想打到肚子也很困難。如果有人臉皮很厚，人家講他都沒什麼反應，還嬉皮笑臉的，我們就會說這個人「臉皮厚得像犀牛皮一樣」。

我有一根質地奇特的棍子，可以彎曲。我常常會請別人猜這根棍子用什麼做的，很多人都會說是用「角」或「硬橡膠」做的，但其實它是用犀牛皮做的，很酷吧！犀牛的視力很差，那對小眼睛似乎什麼都看不到，如果牠是人的話，想必會戴著有厚厚鏡片的眼鏡。犀牛當然沒辦法戴眼鏡，但牠有個好朋友會充當牠的「眼睛」——犀牛鳥。犀牛鳥常常停在犀牛背上，替犀牛指示方向，還會提醒犀牛可能遇到的危險。

非洲的大象比印度的大象更大。

印度人捕捉大象都是活捉的，非洲人則會射殺大象。

印度人抓住大象後會馴服大象，讓大象幫自己幹活；非洲人射殺大象則是為了獲得象牙，有的象牙有十幾公尺長呢。象牙很適合做鋼琴的琴鍵。

象牙的生意不像以前那麼好了，這對大象來說其實是件好事。有人發明了一種方法，可以用棉花和其他材料，如特殊質料的塑膠等東西，製成人造象牙。做出來的東西比真正的象牙便宜，有時候也比真象牙更好用。時間久了，象牙會變黃，但這種材料不會。（編註：自一九八九年開始，象牙就禁止買賣了。）

其實非洲大陸最奇怪的動物是當地的黑人。在我們看來，他們對美的看法非常滑稽。當然，在他們看來，我們的想法也非常滑稽。他們覺得白人的膚色很奇怪，全身上下一片慘白，像個生病的人，一點都不健康，黑人的膚色才健康。

我們的女性把耳環戴在耳朵上，他們的女性把耳環戴在鼻子上——這就不叫耳環，而叫鼻環了。據說這樣更能突顯飾品的美麗。他們還會把別針別在自己的鼻子上，覺得那也是美。一般的耳環對他們來說都不夠大，他們會在自己的耳朵和嘴唇上打洞，再用物品慢慢地將洞越弄越大，有的甚至大到可以穿過一隻手！那時他們就會把木頭等東西塞在洞裡，作為裝飾。我們的女性綁頭髮時會綁成馬尾或公主頭，他們的女性則會把頭髮紮成一個髻，並在髻上塗抹鮮血。（編註：非洲已逐漸現代化，傳統習俗也受西方影響而慢慢消失，年輕人的穿著、生活方式都向西方人靠攏，手機也已經普及了。）

他認為自己很時髦。

以前，有白人在非洲安裝電報線，但每當他裝設好一小段，就會被黑人全部偷走。他們用電線做成手鐲和腳環，覺得這樣顯得很時尚，很聰明，也很富有。

我講個故事給你聽：有一個孤兒，住在吝嗇的阿姨家，阿姨不給他東西吃，他只能跑到外面抓小蟲吃，填飽肚子。這個故事很誇張吧，蟲子怎麼能吃呢！但非洲人就喜歡吃蟲子，而且不是因為沒東西吃，而是那原本就是他們的食物。他們會吃螞蟻和蝗蟲，有時吃生的，有時會用火烤。

你喜歡吃西瓜嗎？不論黑人或白人都喜歡西瓜，不過你知道嗎，我們吃的西瓜最早是在非洲種植的哦。

非洲人最喜歡的音樂形式是打手鼓。顧名思義，手鼓是用手掌和拳頭擊打的。非洲人一打手鼓就可以打上幾小時，手鼓發出的「砰砰」聲在他們聽來就是動聽的音樂。手鼓的聲音好幾公里外的地方都能聽到，因此他們可以用手鼓向鄰居傳遞資訊。

！校長爺爺小叮嚀

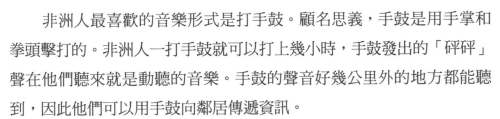

1. 獅子是大型的貓科動物，也是「野貓」中最兇猛的。
2. 長頸鹿有長長的脖子和長長的腿，只吃脖子搆得到的樹葉和嫩枝。
3. 非洲人會打擊手鼓，利用手鼓的聲音向鄰居傳遞資訊。

南非

彩虹的盡頭

南非小檔案

英文名稱：South Africa
總面積：122萬平方公里
人口數：5400多萬人
首都：開普敦
最大城市：約翰尼斯堡
貨幣：南非蘭特
語言：南非語、英語
主要礦產：金礦、鑽石

有人說，彩虹的盡頭，有一大盆金子。這當然不是真的，彩虹只是一種光線和溼度合作出來的美妙產物。在前面的章節裡我們講過，歷史上曾經有幾次，很多人都丟下手頭的工作，離開自己的家鄉去尋找金子，希望能在一夜之間成為富翁。金子是世界通用的貨幣，但我們平常使用的錢幣不是金子做的，金子比它們更值錢，如果做成那麼小的硬幣，很容易搞丟的。

有史以來全世界最大的金礦就在南非，一個叫約翰尼斯堡的城市附近，全盛時期，全球超過一半的金子都是從這裡挖出來的。

金子被稱作「金屬之王」，雖然鉑金更加貴重，但金子既可以作為貨幣，也可以製作裝飾品，還有很多其他用途，而且很多人覺得黃金的金色比鉑金漂亮。純金是二十四K的，質地較軟，很容易磨損，所以一般製作飾品時，都會摻入其他金屬。最好的戒指和其他金飾是十八K的，其中四分之三是黃金，四分之一是另一種金屬。你可以去看看你家裡的戒指或手錶，有的上面會刻著「十八K」或「十四K」。

有的金子被發掘時就是一小塊一小塊的，這叫做天然金塊。但大部分的金子是和岩石混在一起，一點都看不出來裡面含有值錢的東西。採集者必須把岩石磨成粉末，才能把金子從粉末中分離出來。

在美國，幾乎每個家庭都有一個東西是來自南非的，這個東西很小，但很貴。你猜得到那是什麼嗎？那就是鑽石。你去看看媽媽的結婚戒指，上面有沒有鑽石呀？南非的第一顆鑽石是在一個叫做金伯利的地方發現的，這種珍貴的寶石就埋藏在當地的黏土層中。

最初，鑽石礦是由生活在南非的荷蘭人發現的，所以以前金伯利大部分的鑽石礦都會運送到荷蘭的阿姆斯特丹打磨。但現在許多鑽石都

彩虹的盡頭

☆ 據說彩虹的盡頭有一大盆金子。

在當地打磨，然後才被運到其他國家。

其實鑽石的組成成分和煤炭是一樣的，所以把它扔到火裡會燒成煤炭。有時人們把煤炭叫做「黑色鑽石」就是這個原因。把鑽石對著光，可以看到有的鑽石會發出純白色的光，有的會發出白中帶藍或白中帶黃的光。會發出純白色光的鑽石是最珍貴的，價格也比發出其他顏色光的鑽石高。

迄今為止發現的最大的鑽石，像我的拳頭一樣大，它還有名字呢，叫「庫利南鑽石」。這顆鑽石實在太大了，不適合單獨做成一件珠寶，於是它被切割、琢磨成九顆大鑽石和九十六顆較小的鑽石，製作成七件英國王室珍藏的珠寶。

鑽石礦的主人非常小心謹慎，他天天都得提防採礦工人趁他不注意時偷偷拿走鑽石。這些採礦工人大多數都是當地的黑人。鑽石礦場邊圍著高高的柵欄，還有人在周圍來回巡邏。工人晚上不准回家，每採一次礦就必須在礦場住上三、四個月。當工作結束，可以回家時，就會有人像監獄裡的獄監一樣，把工人的衣服脫了，仔細檢查他們的頭髮、耳朵和嘴巴，看他們有沒有窩藏鑽石。即使是一顆小小的鑽石，對黑人來說也是一筆巨大的財富。

英國女王伊莉莎白二世頭上所戴的帝國王冠，正鑲有其中一塊庫利南鑽石。

金伯利的礦場挖出了很多鑽石，但鑽石礦的主人很精明，他認為，如果把這些鑽石全部拿出來販賣的話，就會因為數量太多而變得不值錢，所以他們會先把價值幾百萬美元的鑽石收藏著，等有人願意出好價錢時才拿出來賣。

一個叫做塞西爾．羅德斯的英國人曾經前往南非調養身體，正好碰上南非發現鑽石，他因此發了大財，不但身體健康了，還成了富翁，創辦了世上最出名的鑽石公司「戴比爾斯」（De Beers）。非洲有一塊地區就是根據他命名的，叫做羅德西亞。羅德斯死後留下了一大筆遺產，一部分用於資助世界各國傑出的學生去英國讀牛津大學。我們稱這些得到獎學金的人為「羅德學者」（Rhodes Scholar）。

塞西爾．羅德斯生前還想建造一條鐵路，從非洲北部的開羅延伸到南部的開普敦。他去世後，這條鐵路的大部分路段已經完成了，叫做「開羅—開普敦鐵路」，不過至今還在繼續修築。羅德斯沒有像李文斯頓醫生那樣，要求在自己去世後，將遺體葬在英國，而是請他的朋友把自己安葬在非洲一座高山的山頂。那座山很高，他曾說，在那裡好像可以看到整個世界。

南非的行政首都是普勒托利亞，這裡很像英國的城市。最主要的城市，同時也是立法首都的開普敦，也很像英國的城市。不過大約一百年前的時候，這些城市可都還是野生的叢林，居住著野蠻的黑人呢！

塞西爾．羅德斯在南非發現鑽石，因此發了大財。

如果你喜歡集郵的話，可能聽說過一枚非常著名的郵票，叫做「模里西斯」。有人花了三百萬美元買下這枚郵票。你可能會想，那麼多錢，都可以買房買車了，他卻只買了一張放在集郵冊中的郵票？有沒有搞錯啊！為什麼他要花那麼多錢買一張郵票呢？因為這是世界僅有的一張郵票，他只是為了告訴別人，他擁有別人沒有的東西。

模里西斯是離非洲東部沿海不遠的一個小島。非洲大陸附近還有許多其他的島嶼，最大的叫馬達加斯加島，模里西斯是較小的島嶼之一。桑吉巴島也是其中一個小島，那裡出產一種叫丁香的香料，你媽媽可能會用這種香料烤蘋果、醃黃瓜和火腿。丁香香料看起來像一個燃燒過的小火柴頭，但其實它們是長在丁香樹上的花蕾。

!校長爺爺小叮嚀

1. 有史以來全世界最大的金礦就在南非一個叫做約翰尼斯堡的城市附近。
2. 鑽石的組成成分與煤炭相同，也因此煤炭也被稱為「黑色鑽石」。
3. 迄今發現的最大鑽石，叫做「庫利南鑽石」。

動動腦，想想看！

看了這麼多有趣的非洲故事，讓我們看看你知不知道這些問題的答案吧！

Q1 埃及最大的城市是哪裡呢？

Q2 全世界最大的沙漠叫做？

Q3 全世界最大的瀑布是？

Q4 尼羅河的源頭是哪裡呢？

檢查看看，你答對了嗎？

A1 開羅。

A2 撒哈拉沙漠。

A3 維多利亞瀑布。

A4 維多利亞湖。

這些問題你都答對了嗎？

答對了，請繼續跟著校長爺爺，一起探索大洋洲的故事吧！

答錯了別灰心，翻回前面，讓校長爺爺重新告訴你世界的故事！

PART5 大洋洲

散落在大海中的島嶼

大洋洲就像是散落在太平洋一樣，由許多小島所組成。其中，最大的島嶼就是我們熟悉的「澳大利亞」，簡稱「澳洲」。

太平洋底下並不平坦，而是凹凸不平的山，這些山曾經都是火山，被海水淹沒後，露出的山頂就是大洋洲的許多島嶼。這些島嶼因為少有人類的開發，許多地方都有著豐富、原始的自然景觀呢！

大洋洲小檔案

總面積：852 萬平方公里
人口數：3500 多萬人
主要國家：澳洲、紐西蘭

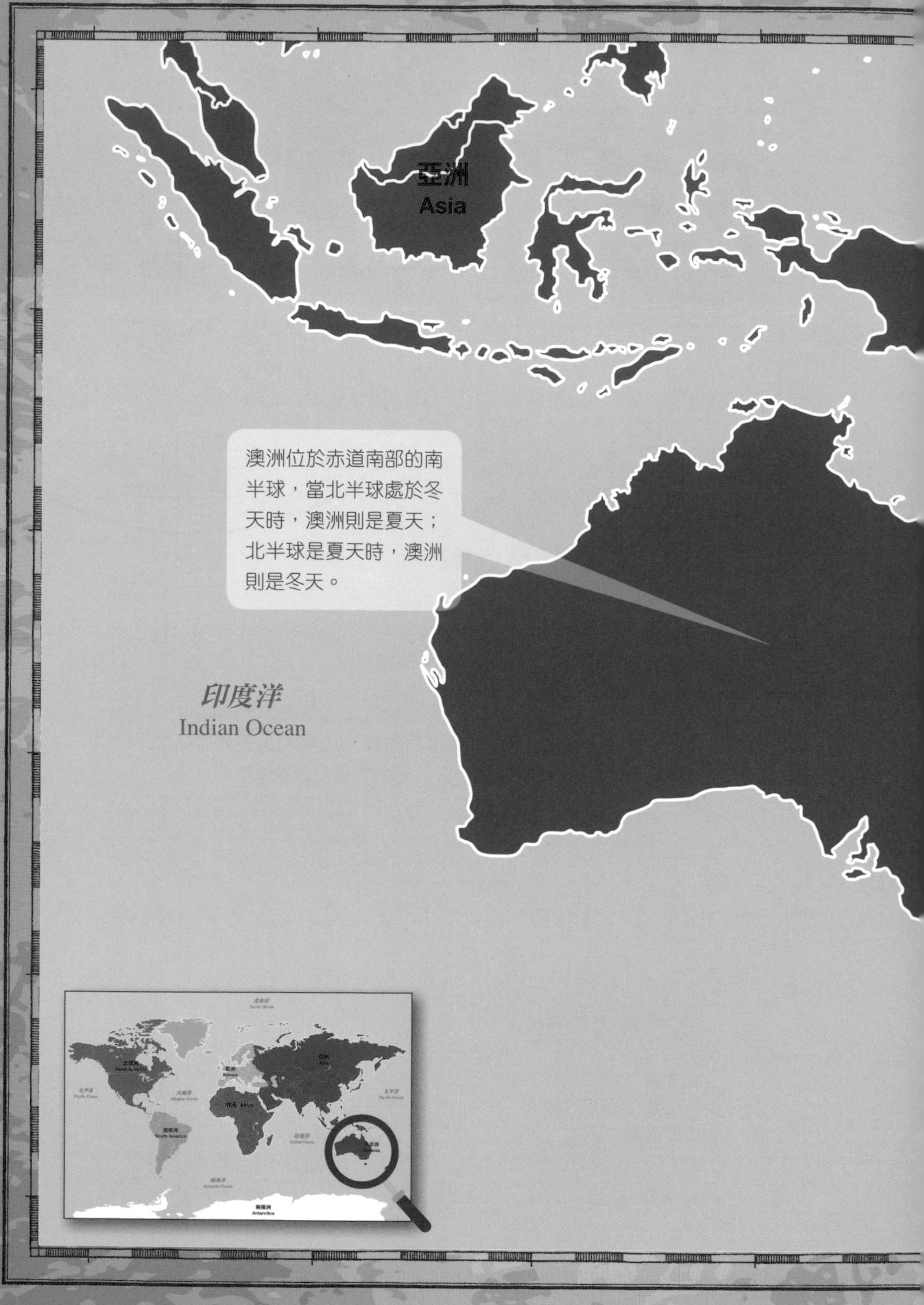
亞洲
Asia
澳洲位於赤道南部的南半球，當北半球處於冬天時，澳洲則是夏天；北半球是夏天時，澳洲則是冬天。
印度洋
Indian Ocean
南極洲
Antarctica

太平洋
Pacific Ocean
大洋洲
Oceania
澳洲原本的首都為墨爾本，後來遷移到坎培拉。
紐西蘭北部居住著土著居民毛利人。
紐西蘭由兩個大島組成，島的形狀都像義大利，看起來像倒置的靴子。

澳洲

財富之地

澳洲小檔案

英文名稱：Australia
總面積：769萬平方公里
人口數：2400多萬人
首都：坎培拉
最大城市：雪梨
貨幣：澳洲元
語言：英語
主要農產：牛、羊

你有沒有想家的經驗呢？如果沒有的話，我猜你不曾出過遠門吧？即使出過遠門，也沒有在外地待很長的時間對不對？試想一下，如果你住在地球的另一端，離你的爸爸媽媽、兄弟姐妹和好朋友很遠很遠，每隔五年或十年才回家一次，或者永遠都不回家了，你會有什麼感覺呢？這樣的話你一定會很想家的。英國人非常熱愛自己的家園，也很容易想家，但有些英國人卻離開這片土地，去非常遙遠的地方安家。

地球的南部有一個很大很大的島嶼，離英國很遠。以前的人坐船從英國出發，要花上將近半年的時間，才能到這個島上。那時島上只居住著野蠻的原始人，後來才有英國人到達這裡，建立大城市。那個島嶼就是澳大利亞，而名稱的意思為「未知的南方大陸」，不過我們一般都

稱它「澳洲」。

美國位於赤道北部，在北半球；澳洲則位於赤道南部的南半球。那裡冬天的時候，北半球是夏天；那裡夏天的時候，北半球是冬天。澳洲離英國非常遙遠，所以英國人認為那裡是關押囚犯的好地方。一旦囚犯被關到了這個島上，就沒辦法逃跑，也沒辦法傷害其他人。當時許多囚犯都被押送到澳洲，很少有人再回到英國，有人甚至因為想家，抑鬱而亡。畢竟罪犯也是人，也有感情，也會思念故鄉。

過了沒多久，英國人就發現，其實那座島除了當監獄，還有其他的好用途。澳洲中部地區是一片沙漠，沙漠裡有金礦。金子似乎具有某種魔力，不管是不是沙漠，不管有多危險，許多年輕的英國人都趕到澳洲挖掘金子，希望發一筆財後再回家。後來他們才發現挖金子的成本太高，一點都不划算。但他們仍然嘗試另一種方法，鍥而不捨，沒有放棄發財夢。

澳洲南部地區是一片廣闊的草原，可以放牧牛羊。當時澳洲沒有牲畜，英國人從英國帶來牛羊，希望能在此生養繁殖。後來卻發現牛羊不肯吃當地的草，根本長不大。英國人沒有放棄，「一開始沒成功的話，就再試一次，還沒成功的話，就再試一次，總有一天會成功的。」當時的英國人就是抱著這樣的信念，又回到英國，選擇合適的草籽帶到澳洲，在當地種植。最後，堅持不懈的英國人終於成功了。種下的草生長情況良好，讓畜牧業蓬勃發展。這可說是另一種「金礦」，很多人都因此發了大財，這是他們事先完全沒有想到的。

澳洲的綿羊毛又長又滑，是全世界最好的羊毛。農場的人把羊毛剪下來，賣到英國和其他國家。現在澳洲是全世界羊毛產量最多的國家，牛群在那裡也生長得很好，他們也向很多國家出口大量冷凍的牛肉和羊肉。

看似一切都進展得很順利，沒想到過了不久，一件奇怪的事情發生了。一個英國人帶了一對寵物兔到澳洲。後來這對兔子逃走了，開始大量繁殖小兔子。兔子也和牛羊一樣喜歡吃草，而且繁殖速度比牛羊快很多。過了一段時間，澳洲的兔子數量就遠遠超過綿羊了。幾百萬隻兔子吃掉綿羊的食物，綿羊沒草吃了，兔子卻還在不斷地繁殖。當地人只能開始捕殺兔子，但殺了一百萬隻，還會有幾百萬隻兔子出生。這很像《聖經》時代突襲埃及的瘟疫，只是這次是兔軍來襲。後來他們在全國搭起了一條非常長的柵欄，但兔子仍然能鑽過柵欄，所以柵欄外還得再搭一層柵欄。他們現在還在大量捕殺兔子，把兔肉做成罐頭，賣回英國。兔皮也可以賣，可以用來製作嬰兒睡袋。無論如何，當地人都消滅不了兔子，他們可能永遠都擺脫不了這些小東西了。

澳洲的本土動物都非常獨特。有一種動物叫袋鼠，高度和人差不多。袋鼠用兩條後腿站立，像站起來要東西吃的狗。牠把自己的尾巴當作「第三條腿」，坐在兩條腿和尾巴上，就像坐在一張三角凳上。袋鼠的前腿很小，沒什麼用處，通常只用兩條後腿蹦跳前進，跳一下就可以跳很遠。袋鼠媽媽的肚子前面長著一個袋子，小袋鼠就躲在這個袋子裡，既能當窩，又能當搖籃。

從澳洲回來的船員，都說他們在澳洲的海中看到美人了，那些美人腰部以上是漂亮女孩的模樣，腰部以下是一條魚。他們把這種生物叫做「美人魚」。你看過童話故事《美人魚》吧？澳洲的西部沿海真的有美人魚哦，她們生活在海裡，用手臂抱著自己的孩子。從遠處看，船員覺得美人魚好像很美，但近看的話，美人魚非常醜，一點都不像你在童話故事中看到的那樣漂亮。其實他們看到的不是美人，而是一種叫做海牛的動物。你知道這個事實以後是不是有點失望呢？

澳洲的土著居民是一群叢林居民，叫做布希曼人（bushmen）。他們不會算術，不會寫自己的名字，當然也不會讀書。他們唯一懂的就是找東西吃。他們很少穿衣服，只把顏料畫在自己身上，當作遮掩物。他們會用貝殼邊緣不斷摩擦身體，使皮膚隆起一個個腫塊，然後就在腫塊上抹上黏土。腫塊越多，他們就覺得越好看。

叢林居民有一種很奇怪的玩具叫做「回力鏢」。回力鏢是用木頭做的，形狀像一輪新月。他們把回力鏢扔出去，它會不停地在空中打轉，扔得好的話，它會飛回扔的人手中。

我有幾個回力鏢，就放在家裡。有個朋友曾經和我開玩笑說：「聽說你會用回力鏢打袋鼠？」

「打袋鼠？」我說，「這連叢林居民也做不到啊！」

澳洲以前的首都是墨爾本，後來人們建造了一座新城市作為首都，叫做坎培拉。坎培拉的一切都井井有條，城市規劃得很好，街道整潔有序，像華盛頓一樣有國會大廈，房屋也非常整齊。城市建成後，人們就搬到城裡居住。除了墨爾本和坎培拉，澳洲還有一個主要的城市——雪梨。

世界上最適合人居住的國家位於澳洲東南面，叫做紐西蘭。你可能還記得，我們前面說過，丹麥有個島嶼叫西蘭島，而丹麥是歐洲最適宜居住的國家。紐西蘭和西蘭島的名字很像，還真巧呢。

紐西蘭由兩個大島組成，島的形狀都像義大利，看起來像倒置的靴子。從地圖上看，紐西蘭離澳洲好像不是很遠，但其實從澳洲乘船出發要四、五天，搭飛機也要三個多鐘頭才能到達。

紐西蘭北部居住著土著居民毛利人，他們和澳洲的叢林居民截然不同。雖然毛利人以前是食人族，但他們非常聰明，從白人那裡學會了很多東西。有些毛利人還接受優良的教育，成為紐西蘭議會成員。

校長爺爺小叮嚀

1. 地球的南部有一個很大很大的島嶼，就是澳大利亞，意思為「未知的南方大陸」，不過一般都稱它「澳洲」。
2. 澳洲以前的首都是墨爾本，後來人們建造了一座新城市作為首都，叫做坎培拉。
3. 紐西蘭由兩個大島組成，島的形狀都像義大利，看起來像倒置的靴子。

太平洋群島

食人族的島嶼

太平洋的許多島嶼都很小，小到在地圖上看起來只有一個小點，
甚至沒有畫在地圖上，這些小島有些根本沒有任何人居住。
在太平洋群島中，最為人所知的就是隸屬美國的「夏威夷群島」，
島上的居民有著自己獨特的文化與生活習慣，
與我們之前提到，位在北美洲的美國很不一樣呢！

你應該知道什麼是食人族吧？食人族以前居住在太平洋的小島上，是非常野蠻的人，不但互相殘殺，還會吃敵人的肉。太平洋是地球上最大、最寬，也最深的海洋。你坐船經過大西洋的話，幾乎看不到任何島嶼，但是南太平洋地區卻有幾千個島嶼。大部分的島嶼都很小很小，地圖上看起來就是一個小點，有些更小的島根本就沒有畫在地圖上。

如果把太平洋的水像放掉浴缸中的水般放乾的話，你就會看到太平洋底部不是平坦的，那裡有幾千座山。這些山曾經都是火山，現在被海水淹沒了，山峰頂部露出水面的地方就是我們看到的小島。小島附近的溫暖海域中生活著一種叫珊瑚蟲的小動物。像佛羅里達州就是由很多珊瑚蟲的骨頭堆積而成的。在這裡，珊瑚蟲的骨頭不斷堆積，超出水面，在山峰周圍繞成環狀。我們把這樣的島嶼叫做珊瑚礁。

部分珊瑚島上，居住著膚色為褐色的人，他們以前也是食人族；其他的珊瑚島上則沒有人居住。島上生長著椰子樹，土著居民吃的、喝的、穿的、住的和用的都靠這種樹。椰子樹的樹幹很高，樹葉全部長在樹幹頂部，樹葉中間會長出一顆顆的椰子。

椰子的大小和嬰兒的小腦袋差不多。果實外面有一層殼，剝了殼就會露出裡面的果肉。椰子看起來很奇怪，好像長著兩隻眼睛、一張嘴巴和粗糙褐色頭髮的玩偶。白色的果肉被包在褐色「頭髮」的殼中，果肉裡面才是像牛奶一樣的椰子汁。當地人把椰子肉當主食吃，把椰子汁當飲料喝。對他們來說，椰子就像麵包和牛奶，是日常生活的食物。

椰子的「頭髮」可以做成繩子、絲線、布料和其他任何可以用棉花、絲綢或羊毛製作的東西。椰子的殼可以做成杯子、碟子和其他器皿。椰子的葉子可以做成短裙，當地人就穿著這種短裙，也可以拿來做房屋的屋頂。當地的房屋只是簡單的幾根柱子，上面搭上椰子葉，沒有牆壁，房屋地板離地面很高。

土著部落相互殘殺，會吃被殺掉的敵人的肉。一直以來，有不少牧師前往當地，希望傳播基督教的善良教義，告訴土著居民不能吃人。起初那些食人族會把牧師殺來吃掉，後來許多食人族被改變，成為基督徒，就不再吃人了。

牧師認為土著婦女的穿著不夠得體，就替她們設計了一種長長的女式寬大長罩衣。土著婦女前往比較熱鬧的城鎮時，就會穿著長罩衣，在家裡或爬到樹上找食物時，就會把裙襬甩到脖子上。

白人去這些島嶼時把很多疾病帶到了島上，島上原來沒有這些疾病，居民沒有抵抗力，後來很多人都病死了。即使只患了麻疹，土著居民也很容易死掉。

土著居民的生活非常簡單，他們沒什麼錢，也不奢望什麼錢，島

部分南海島嶼
太平洋
南海
食人族
珊瑚礁
蘇祿海

上根本就沒有東西可以買。他們也不工作，餓了就爬到椰子樹上摘椰子吃。當地的椰子樹很好爬，很多樹都是傾斜的。我看過那裡的男孩從地上一溜煙地跑上椰子樹，就像你跑上溜滑梯一樣。

人稱庫克船長的英國人，是第一個探索這些島嶼的人，他還寫了很多關於這些島嶼的文章，有一個群島就是根據庫克船長命名的。

後來，白人發現椰子肉是一個可以販售的好商品，就開始對這些島嶼感興趣，還雇用土著居民為他們摘椰子。要請土著居民工作，不需要給他們錢，錢對他們來說沒有任何意義。就算一天給他們一千美元，他們也不會特別高興，但只要給他們幾顆漂亮的珠子，他們就會很樂意幫忙摘椰子。

土著居民非常喜歡小飾品，白人要請他們幫忙的話，通常只會給他們一些玻璃珠子，有時候也會給他們留聲機，提供他們一點娛樂。**切碎的椰子肉叫做乾椰子仁，有很多不同的用途，主要用於榨取椰子油。椰子油可以製作肥皂和奶油。**

過往的船隻很少會在這些島嶼停靠，即使要停靠，也只會選擇幾個大島嶼。有很多故事都是講述船員遭遇翻船的經歷，船隻撞到珊瑚礁翻船後，船員只能逃生到島上。有些島上沒有任何人居住，船員只能單獨在島上生存。有的船員可能在島上生活了很多年，才等到有路過的船隻帶他們回家。

許多島嶼很小，沒有名字，只有一部分群島有名字。例如，所羅門群島，發現這些島嶼的人希望能在島上找到和所羅門王一樣多的財富；根據庫克船長命名的庫克群島；還有斐濟群島和薩摩亞群島。太平洋中有些島嶼是屬於美國的。

太平洋中最大的群島叫做菲律賓，這裡曾經也屬於美國，不過現在已經是一個獨立的國家。

位於太平洋中央附近的夏威夷群島，現在仍然屬於美國。火奴魯魯（或稱檀香山）是夏威夷的首府。當地人會花很多時間在水裡練習和遊玩，小孩子不僅能像小魚一樣熟練地游泳，還能站在木板上衝浪。世界上很多優秀的游泳運動員就來自那裡。

你聽過烏克麗麗吧？烏克麗麗是一種夏威夷的樂器，長得像迷你版的吉他。每當遊客到達火奴魯魯，當地人就會在遊客頭上戴上花環，表示熱烈的歡迎。遊客離開時，當地人則會把花環扔進水裡，代表希望遊客能再次到來的意思。

夏威夷人經常使用的一句話是「阿囉哈」（aloha），這句話可以表示「你好」、「歡迎」、「再見」和「願上帝保佑你」等意思。

！校長爺爺小叮嚀

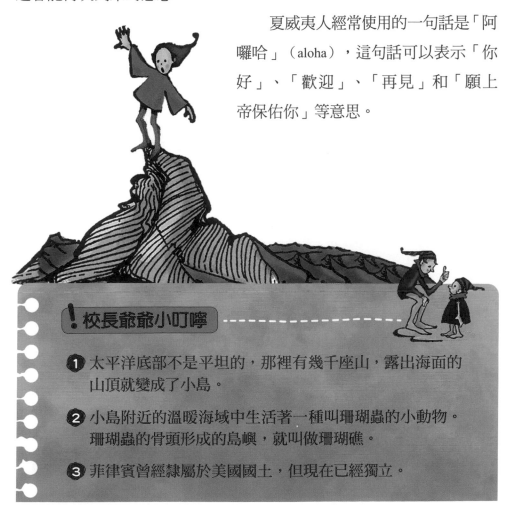

1. 太平洋底部不是平坦的，那裡有幾千座山，露出海面的山頂就變成了小島。
2. 小島附近的溫暖海域中生活著一種叫珊瑚蟲的小動物。珊瑚蟲的骨頭形成的島嶼，就叫做珊瑚礁。
3. 菲律賓曾經隸屬於美國國土，但現在已經獨立。

動動腦，想想看！

看了這麼多有趣的大洋洲故事，讓我們看看你知不知道這些問題的答案吧！

Q1 澳洲現在的首都是哪裡呢？

Q2 紐西蘭的原住民叫什麼呢？

Q3 由珊瑚蟲的骨頭所堆積的島嶼被稱為？

Q4 太平洋中最大的群島是哪個呢？

檢查看看，你答對了嗎？

A1 坎培拉。

A2 毛利人。

A3 珊瑚礁。

A4 菲律賓群島。

這些問題你都答對了嗎？

答對了，恭喜你完成了這次的環球之旅！

答錯了別灰心，翻回前面，讓校長爺爺重新告訴你世界的故事！

後記

旅途結束

經過長長的環球之旅，我們終於可以回家了。幾乎所有人對家的感覺都是一樣的。無論是愛斯基摩人，還是西藏人，無論是在冰天雪地，還是在椰子樹下，家都是我們出生和成長的地方。

我以前認識一位老船長，航海時間長達五十年。他已經環遊整個世界好幾次了，從智利的蓬塔阿雷納斯到俄羅斯的阿干折，足跡幾乎遍及全世界的每個港口。他會說十二種語言，到過每一片大陸、每一個海洋，見識過各式各樣的東西。有整整十二年時間，他一直盼望將來能真正「安定下來」，能夠「回家」。我從來沒看過一個人回家時像他那麼開心的，他的家在美國馬里蘭州南部的一個小村莊。

一年後，我在紐約碰到他，他看起來還是那麼開心。他穿得很正式，鈕扣孔裡還別著一朵花，好像要結婚的新郎似的。

「你這樣盛裝打扮，要去哪裡呀？」我好奇地問道。

「去航海啊，快要出發了。我又要去環遊世界了！」他好興奮，就差沒在街上跳起水手的角笛舞了。

「再見了，」我對他說，「我還以為你這次要安定下來了呢。」

「家，是讓人休息的地方，然後再出發！」他一邊說著，一邊開心地與我揮手道別。

延伸閱讀

世界很大，地理內容很多，為了不讓大家看得太累，也不會因為書本太重而手痠，所以《給中小學生的世界地理》共分成上下兩冊。讓我們跟著美國最會說故事的校長爺爺——維吉爾·希利爾，一起環遊世界學地理！

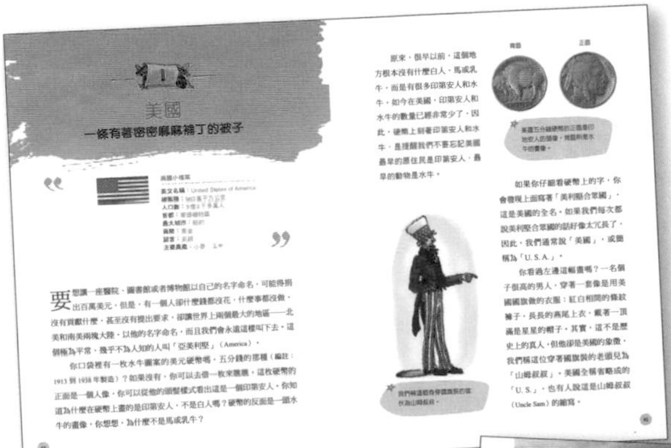

QUA TIERRÆ DEL FUEGO, Cum celeberrimis fretis a F. Magellano et I. Le Maire detectis

De G. Brouwers paßage

上冊精彩內容

PART1

地球

認識我們居住的這顆星球

1. 望遠鏡中的世界
2. 地球就像一顆圓圓胖胖的雞蛋
3. 我們的地底下到底是什麼模樣呢？
4. 全世界的人排成一列，就會出現一條無止境的隊伍

PART2

北美洲

1. 美國：一條有著密密麻麻補丁的被子
2. 加拿大：美國最大的鄰居
3. 墨西哥：讓拇指與食指呈現 G 的形狀，就可以看見這塊戰神的國度
4. 巴拿馬：近在咫尺，遠在天涯的大西洋與太平洋
5. 西印度群島：海盜出沒的海洋

PART3

南美洲

1. 南美洲北部：最凶殘的印地安人居住地
2. 巴西：橡膠之都，咖啡之國
3. 阿根廷與智利：銀子之都與狹長之國

PART4

西歐

1. 大西洋：從美洲旅行到歐洲
2. 英國（1）：盎格魯人居住的島國
3. 英國（2）：偉大作家的故鄉
4. 威爾斯、愛爾蘭與蘇格蘭：英格蘭的鄰居
5. 法國（1）：全世界最漂亮的城市
6. 法國（2）：愛美的法國人
7. 比利時與荷蘭：低於海平面的國家

PART5

南歐

1. 西班牙（1）：發現新大陸的哥倫布
2. 西班牙（2）：隨心所欲的西班牙人
3. 義大利（1）：「靴子」之國
4. 義大利（2）：佛羅倫斯的天堂之門與天堂之頂
5. 義大利（3）：逝去的城市古羅馬
6. 義大利（4）：堆得高高的灰燼——維蘇威火山
7. 希臘：諸神的國度

PART6

中歐

1. 瑞士：歐洲最高的國度
2. 德國：戰爭與童話並存的國家

聽完這些世界故事，是不是覺得自己跟著校長爺爺，
一起環遊世界一趟了呢？
寫下你的心得感想，或是印象最深刻的一件事，
讓這本書成為你獨一無二的「遊記」吧！

MAR DE
ZUR
Archipelagus
'tkleyn Pinguins eylandt
b. S. Ierosme, Grotewal
'tgroot Pinguins eylandt
c. Musklecove
f. Willems bay, g. Ridders
h. C. de Naßau
k. Onbequame bay
C. Hoorn